CRIPTOMONEDAS PARA PRINCIPIANTES

DOMINA BITCOIN Y ETHEREUM. APRENDE A INVERTIR DE FORMA INTELIGENTE Y CONSIGUE LA LIBERTAD FINANCIERA CON ESTAS CRIPTOMONEDAS

SEBASTIÁN ANDRES

SA PUBLISHING

ÍNDICE

COMO UTILIZAR ESTE LIBRO

Primero antes que nada me gustaría darte las gracias por la confianza y por haberme elegido como tu guía para emprender este viaje hacia el mundo de las Criptomonedas. Este libro te ayudara a que entiendas y domines este mundo con el objetivo de obtener una educación financiera excelente a través de la comprensión y el entendimiento a fondo de las Criptomonedas. En este libro iremos de lo más básico a lo más avanzado.

Entendemos que incursionarse hacia el mundo de las Criptomonedas puede ser tedioso y muy lento ya que es mucha la información que debemos comprender y asimilar, generalmente los pioneros en este tipo de tecnologías son las personas que no tienen ningún problema para generar ingresos pasivos por internet ya que tienen algunos conocimientos básicos de este mundillo que los puede ayudar bastante. El objetivo de este libro es que tú también puedas acortar este camino y tener los conocimientos a tiempo para poder aprovecharlos, como bien sabes el mundo de las criptomonedas se mueve muy rápidamente y no puedes perder tiempo.

Esta tecnología llego para quedarse y para darnos a nosotros, las personas comunes y corrientes, mas libertad en el ámbito económico y financiero.

En mi caso personal, una de las cosas que más me ha llamado la atención cuando comencé a interesarme por las Criptomonedas ,allá por el 2011, fue el concepto de libertad al que está relacionado con monedas como Bitcoin, Monero, Dash, Zcash, etc. donde el control de todo el proceso siempre va de la mano del usuario por la privacidad que brindan. No te preocupes, estos conceptos los entenderás mas adelante durante el desarrollo del libro.

En este libro te enseñare los diferentes abordajes hacia las Criptomonedas y la tecnología detrás: comenzando por el concepto actual del dinero hasta el Blockchain, el porque funciona, cuál es el secreto detrás y también vamos a derribar algunos mitos relacionados con algunos conceptos.

El objetivo de este libro es enseñarte a tener una noción más completa y compleja sobre las Criptomonedas, desde los conceptos más básicos como el saber cómo funciona todo, el cómo encajan las piezas a lo más avanzado.

También me he tomado el tiempo de recomendarte algunos recursos para que puedas comenzar con el pie derecho. **Ten en cuenta que muchos de estos links son enlaces de afiliado, por lo que recibirás algunos descuentos y/o beneficios al utilizar el link recomendado, sin ningún costo alguno para ti. Por esto mismo aprovéchalo.**

Escribi este libro no solo informarte del mundo de las criptas sino, para motivarte también, a dar ese paso que tanto te cuesta y tomar acción, es por esto que quiero pedirte una cosa, no te rindas a lo largo de este libro, sigue bajo tu propio riesgo los consejos, te prometo que al terminar este libro y aplicar paso por paso mis consejos y enseñanzas vas a lograr comprender mejor este mundillo y de acuerdo a tu accionar personal lograr la libertad financiera o también apoyar esta iniciativa que nos da el poder a nosotros los ciudadanos frente al sistema financiero actual que está demasiado manipulado y hace rico a unos pocos.

Nuevamente, Muchas gracias por adquirir este libro, espero que lo disfrutes.

SOBRE MI

Y ¿PORQUE DEBERÍAS DE ESCUCHARME?

Saludos, mi nombre es Sebastian Andres , soy un emprendedor, escritor y viajero del mundo. Entusiasta de las Criptomonedas desde 2011 cuando comencé a interesarme por ese mundillo. Me siento extremadamente bendecido por haber nacido en esta época, y poder vivencias el crecimiento de estas tecnologías como el internet y las criptomonedas.

Durante más de 10 años me he enfocado en desarrollar varios negocios en internet, los cuales me enseñaron a desarrollar mis propias estrategias y métodos para lograr generar ingresos pasivos. Las Criptomonedas fue uno de ellos y así fue que alcance la libertad financiera.

El propósito de mis libros, mas específicamente de la colección "Criptomonedas en Español" (en los cuales llevo la información mas actual y fiable de las criptomonedas del ingles al español, si te interesa puedes buscar los otros libros de esta colección, en los cuales abordamos otras criptos) es que sean una fuente de inspiración para ti y generar un cambio en aquellos que no se conforman con lo establecido y saben que pueden dar más, que pueden generar un cambio positivo en sus vidas y llegar a diseñar ese estilo de vida que tanto quieren.

Estoy confiado que esta información te ayudara a terminar de dar ese empuje y meterte a las criptomonedas de lleno.

IMPORTANTE
ADVERTENCIA

La inversión en mercados financieros como las Criptomonedas y otros activos puede llevar a pérdidas de dinero. El propósito de este libro es solamente educativo y no representa una recomendación de inversión, para ello ya existen muchos profesionales en el area que pueden ayudarte. Procede con cautela, bajo tu propio riesgo y recuerda, nunca inviertas más de lo que estés dispuesto a perder.

Al continuar leyendo este libro aceptas esta Advertencia.

CAPÍTULO 1
DOMINA BITCOIN

CAPÍTULO 2
EL VERDADERO CONCEPTO ACTUAL DEL DINERO

LOS SECRETOS DEL DINERO

El dinero es aquel que forma un conjunto de activos dentro de una determinada actividad social cultural: La economía, dentro de la cual; las personas están totalmente convencidas y dispuestas a utilizarlo como medio o recurso de pago para comprar, adquirir y vender bienes, productos y servicios.

El individuo interpreta y entiende que el dinero es ese algo que le ayuda y le permite obtener lo que necesita, requiere y desea, aunque está claro que el dinero es mucho más que una pieza de confianza y valor capaz de permitir negociaciones a diversidad de niveles y estratos sociales, personales y empresariales, entre muchos.

Cabe dar al dinero el concepto de todo bien o activo, ampliamente aceptado como recurso o medio de pago por los personajes y agentes económicos protagonistas y participantes de dichos intercambios o negociaciones en la comercialización propiamente dicha.

El dinero es aquel recurso que, a través de sus distintas presentaciones en moneda, billetes, tarjetas, etc.; sigue permitiendo y facilitando la existencia del intercambio de un recurso por un bien, la posibilidad de satisfacer necesidades y solventar requerimientos que demanden ser entregados a cambio de recibir una paga por ello. El dinero se ha convertido también en un depósito de valores que aprueba la capitalización por medio del ahorro, además de ser un elemento de fácil manejo, transporte y almacenamiento, aspecto por demás importante.

Como concepto general, el dinero es el conjunto de activos dentro de una economía, aceptado regularmente por las personas dispuestas a utilizar el mismo como estructura de pago en el proceso compra-venta.

Hablando un poco más sobre el dinero, agreguemos que este se asocia inmediatamente con billetes en papel impreso y monedas acuñadas de curso legal en para los Estados y que en la práctica todos estamos dispuestos a aceptar como forma de pago, convencidos que posee un valor a través del cual se efectúan compras y ventas, un bien material que juega un rol de interés en la vida cotidiana de la sociedad. También lo manejamos a través de tarjetas de débito (prepago), tarjetas de créditos y en algunos casos con cheques.

Las definiciones sobre el dinero pueden ser variadas, diversas y de muy largo alcance. En tal sentido, podríamos entender por dinero a cualquier elemento aquellos quienes conformen una comunidad o sociedad estén dispuestos y en acuerdo a aceptar como forma de pago por bienes, servicios o deudas.

No obstante, todos estamos desde siempre muy familiarizados y relacionados con los billetes y las monedas, con las tarjetas y los cheques; también conocido como dinero efectivo o circulante legal, con los cuales concretas o cerrar la compra o pagar a cambio de algo hacia una persona o negocio, restaurantes, tienda, transporte, etc. Es por ello que también se puede acotar la definición a una más habitual, para decir que el dinero es un bien o activo general abiertamente acep-tado como medio o recurso de pago que es utilizado por una comunidad.

Sin embargo, sigue existiendo otra modalidad o tipo de dinero muy importante y atractivo y es el dinero efectivo o por transferencias, que las personas (clientes) depositan en los bancos. En efecto, si el depósito realizado va dirigido a una cuenta corriente, la compra podría pagarse directamente y por medio de cheques (si aplica en el país) personales con una tarjeta de débito, reemplazando de esta forma el dinero efectivo con la comodidad de mantenerlo almacenado en la entidad financiera.

De esta forma, las monedas y los billetes más los depósitos efectuados directamente en los bancos son los elementos que constituyen y representan el concepto más básico y más elemental del dinero cuando es entendido como un medio de pago.

Dinero, el medio legal utilizado por la sociedad para ser intercambiado un producto o servicio. Un recurso material por medio del cual también son remuneradas o compensadas las actividades laborales y jornadas representadas por el trabajo. Una referencia de medida para efectuar transacciones y operaciones económicas y financieras. El dinero facilita el intercambio de productos y mercancías, representa el valor de los bienes, y que los sectores económicos de las regiones regulan para definir la cantidad de dinero que debe circular en un país.

Muchos países poseen su propia moneda el cual representa el poder adquisitivo real de la población, sin embargo y muy a pesar de esto, a nivel internacional existen monedas como es el caso dólar estadounidense USD\$, la libra £ y el euro €, monedas que son aceptadas para la compra o realización de negociaciones fuera de sus zonas de curso legal o desde donde son originarias por casi todo el mundo.

El dólar permite a varios países en el mundo, efectuar pagos y adquirir lo que se necesite comprar fuera de los Estados Unidos, a este hecho se le conoce como dolarización, y generalmente ocurre en los países con monedas débiles, manteniendo igualmente la circulación y uso de su moneda legal o propia, con la idea de llevar y mantener para tener un control sobre las emisiones de dinero. Aunque también y por razones más positivas como el turismo el euro, la libra y el dólar USD son protagonistas de operaciones comerciales. Actualmente el Yuan esta ingresando al mercado como moneda corriente.

Un ejemplo bastante interesante a citar es el del euro €, moneda que por decreto fue implantado como moneda oficial para 11 países de la Comunidad Económica Europea el 1 de enero de 1999, circulando legalmente en Alemania, Austria, Bélgica, España, Finlandia, Grecia, Irlanda, Italia, Luxemburgo, Países Bajos y Portugal; y que a la fecha ha logrado posicionarse como una de las monedas de mayor aceptación a nivel internacional.

Para la mayor parte de los países el papel moneda, sobre el cual se imprimen los billetes o metales para acuñar monedas, y que circula en un país; guarda estrecha relación a un metal noble como el oro que es su respaldo, sin embargo, las políticas monetarias y económicas globales han cambiado y el respaldo que este tiene hoy día es mediante divisas, valores estatales o internacionales, esto es lo que favorece la inflación.

¿Cómo definimos el dinero?

Conforme a la noción que acabamos de ver sobre qué es el dinero en párrafos anteriores, podemos definir el mismo como todo activo o bien, amplia y generalmente aceptado en sociedad como medio de pago y de cobro para efectuar de manera satisfactoria las transacciones susceptibles dentro de una determinada acción o movimiento económico. Pudiésemos decir, además, que el dinero es ese elemento que se convierte prácticamente en indispensable para la vida cotidiana del ser humano, dado que este cumple funciones habitualmente insustituibles por cualquier otro proceso o método conocido en la actualidad.

También es aceptable y válido puntualizar de manera muy sencilla, precisa y rápida, que el dinero es aquel recurso material ilustrativamente representado por billetes, monedas y otros, los cuales son utilizados por los individuos para dar cumplimiento a sus compromisos de pago, y que su contraparte recibe como garantía aceptable de la negociación efectuada, estando ambos de acuerdo y conformes con lo pagado y lo entregado.

El dinero, desde el punto de vista tangible, es un elemento que brinda a la sociedad, la facilidad de procesar trámites comerciales de forma expedita, rápida y confiable, es un recurso potencial, capitalizador, representativo; respaldo personal y empresarial sustentable de base y valor. Un aval de importancia dentro una muy variada gama de actos de intercambios operativos en el ámbito de las ciencias económicas.

En líneas y términos económicos-comerciales generales, cabe destacar de manera muy sencilla que, el dinero es todo aquello capaz de ser utilizado por el hombre y la sociedad, como un medio factible de intercambio y liquidación a cambio productos, servicios, bienes u otro tipo de obligaciones o compromiso de pago.

Como ya hemos visto, encontramos y disponemos de dinero en formatos de monedas; tal como desde sus orígenes y veremos más adelante, en billetes o papel moneda a partir del siglo XIX. También electrónico, algo más actual y que desarrollaremos detenidamente, a través de documentos y mediante tarjetas o dinero plástico, todo en pro a agilizar operaciones comerciales con alto grado de confiabilidad, fáciles y efectivas de realizar. Dinero, un elemento que viaja entre manos, imponiendo un valor número a aquello que se necesita o desea adquirir.

El dinero a través de los años
Breve historia del dinero hasta el día de hoy.

Para dar inicio a un viaje histórico fascinante sobre el origen y la evolución del dinero, recordemos la grande e importante función que este tiene en nuestra sociedad. Tengamos presente pues, que el dinero es todo activo aceptado como medio de pago. El dinero con todas sus variantes y cómo lo conocemos en la modernidad, surge por la escasa efectividad e insatisfacción que el trueque, una práctica iniciada en la época del neolítico por los primeros asentamientos humanos; venía generando.

En los primeros momentos de las comunidades humanas, era prácticamente inexistente el excedente o la demasía del más valioso recurso para entonces: La comida. Nuestros primitivos habitantes se dedicaban a la caza exclusivamente para alimentarse y de esta manera ver satisfechas sus necesidades inmediatas y mantenerse enérgicos.

Dadas las circunstancias existenciales del momento y el hecho de garantizar la vida proveyendo a sus comunidades de la comida necesaria, en una fecha no precisa para la historia; se comenzaron a almacenar y conservar alimentos para así consumirlos de forma programada sin que se dañaran y sin que les faltara. Su estilo de vida nómada les hacía movilizarse de un lugar a otro en busca de un espacio apropiado para la caza, recolección, buscando víveres y refugios cada vez mejores.

La penuria realmente apremiante surgió en el neolítico (10000 a.C. y 7000 a.C.), fecha en la cual el nivel demográfico venía en aumento, situación que obligó al hombre de esta era a desarrollar y ejecutar nuevos y múltiples medios de sustento para su gente, dando origen a la agricultura y ganadería, siendo imperativo el almacenamiento de grandes cantidades de alimentos para los períodos de escasez.

También y como equilibrio natural se daban períodos de buenas cosechas; así los excedentes de estos tiempos se intercambiaban por otros productos de comunidades distantes, dando de esta forma el surgimiento del comercio. Para conservar estos bienes alimentarios, eran puestas en práctica técnicas como el salado, secado, curado y ahumado; de acuerdo a la zona geográfica eran utilizadas unas u otras estrategias. En la región de África se utilizaba el secado, en Europa del Norte el ahumado y en zonas costeras, la salazón. Así, campañas de mercadería eran comercializadoras mediante el intercambio, pagando con un producto la adquisición de otro: Trueque.

Con el transcurrir del tiempo, el trueque también se vio afectado negativamente como procedimiento comercial. En este intercambio era necesario ubicar, por ejemplo, a una persona interesada en adquirir pieles y que esta a su vez ofreciera vino; o establecer un valor equitativo entre cierta cantidad de trigo por lana. El trueque no contaba con la facultad de establecer un costo proporcional en los productos; por ejemplo, si un camello podría tener el mismo valor de una vaca o si carne y pescado podrían ser negociados ambos por igual.

Para dar una solución apropiada a esta situación, se estableció el valor de un producto como punto referencial, un producto que fuese capaz de ser útil y regulador ante los intercambios. Para ello fueron utilizados el ganado o el trigo. Estos elementos fueron evolucionando conforme a los requerimientos del mercado, migrando a otros más fáciles de manejar y trasladar; como lo fueron el oro, la plata y bolsas de sal. Muy puntualmente la sal fue la predilecta, incluso para cumplir una resultante función para concretar pagos por el trabajo realizado, dando de esta manera origen a la palabra "salario". Aquello que se recibe como sueldo o paga por la ejecución de una labor específica cumplida.

Mediante el trueque, o intercambio de un bien, producto o servicio a cambio de "un algo" que representara valor relativo; eran efectuadas las primeras negociaciones y antiguas operaciones de compra y venta. Conforme fueron transcurriendo los años y comenzaron a surgir los primeros inconvenientes y dificultades con el trueque, surgió una nueva alternativa: el dinero y con él, el manejo de las primeras monedas; lo cual representó una solución ideal, efectiva y puntual para el momento.

El origen del dinero se ubica en el siglo VIII y la utilización de las primeras monedas en el siglo V. Antiguamente eran recursos de valor ciertos alimentos como el té, cacao y sal; ganado, telas y otros productos representativos y apropiados para formalizar la negociación, hasta que surge en Lidia, una región de Asia, por parte del rey Argos, la propuesta de crear la moneda mediante una aleación de plata y oro, medidos y pesados para dar proximidad al intercambio. Así sería reemplazado el pago con animales, alimentos u otros productos. Cabe destacar que para el año 1000 a.C., en China ya eran acuñadas las primeras monedas en bronce, oro y plata con formas de espadas y cuchillos.

Muchas exposiciones e historias sobre las primeras monedas o billetes aparecidos en él son relatadas en la actualidad, y todas por igual son respetadas y valoradas. A este respecto se ha dicho y se demuestra que las primeras monedas aparecieron en Turquía, estás estaban conformadas por una aleación de oro y plata, siendo estos los metales preciosos más valiosos.

También por su parte, Grecia tomó como una tradición y costumbre fabricar sus propias monedas con el emblema de la localidad que las realizaba, la utilización de los billetes fue implementada por el emperador mongol Kublai Khan (28 SEP 1215-18 FEB 1294) quien certificaba la cantidad de oro en existencia ante un banco. Ya para finales del siglo XVI y debido a la gran popularidad que había sobre los billetes, los bancos comenzaron a producirlos en grandes cantidades desde el año 1694.

El dinero surgió y como tal fue apareciendo en muchas áreas del mundo y en tiempos históricamente distintos, esta aparición no sólo respondía a razones económicas sino también a motivaciones y situaciones políticas, religiosas y sociales, como por ejemplo el hecho comprar una esposa, pagar dote al novio, presentar ofrendas a los dioses o pagar impuestos al gobierno.

Es una propensión de los humanos intercambiar cosas con el propósito de atender carestías que no han sido solucionadas, en muchas comunidades se han tomado de la naturaleza ciertos objetos para ser intercambiados, los más comunes; el arroz, las conchas, discos de piedra caliza, discos metálicos y dientes de perro, entre muchos otros.

Comienzan a circular entonces de esta forma las primeras monedas, convirtiéndose en pieza imprescindible dentro de la actividad comercial. Producto de ello y su rápida expansión, Alejandro Magno se convierte en el primero en insertar su imagen en las monedas de entonces, ayudando con ello a expandir esta modalidad en el manejo del dinero.

Con el paso del tiempo, a cada medida de peso se le fue asignado un nombre, dando así lugar a diversas denominaciones. Un ejemplo interesante ocurre con los siguientes nombres: *As y Denario romano*, este último es el que dio origen a la palabra dinero. Es de esta manera, como poco a poco se establece y expande en todo el mundo el concepto y utilización del dinero.

Como se ha visto, el dinero físico; como es conocido en la actualidad también tuvo sus cambios y su evolución, pasando de monedas al papel moneda, representado por billetes; nacimiento que se dio con la aparición de la banca, pero no sería hasta el siglo XIX cuando las monedas en metal perderían su supremacía. Para entonces se abandona el formato de oro y plata para dar paso a otros metales y aparecen formalmente y circulan de manera legal representaciones formales en billetes avalados y respaldados por el Estado del país que diera a sus negociaciones una amplitud en la tenencia y manejo propio del dinero.

Existió un patrón dentro del sistema monetario que dominó desde el siglo XIX, el oro; por el cual el valor unitario de la moneda era establecido a partir de una determinada cantidad de este metal precioso. En el año 1944, según acuerdos y resoluciones de la conferencia monetaria y financiera de las Naciones Unidas, en Bretton Woods (Newpshire, Estados Unidos), entre el 1 y 22 de julio; el sistema monetario experimentó un importante cambio con la predominancia de dos grandes y protagonistas referencias en la economía del momento: el dólar y el oro.

Es de esta manera, como se determinó la convertibilidad de la divisa estadounidense con el oro, quedando en 35 dólares por 1 onza de oro y del resto de las divisas conforme al dólar. En el año 1971, Richard Nixon, presidente de los Estados Unidos, declaró el final del patrón oro, dando inicio a la fluctuación de las divisas.

La dinámica socio-económica de la humanidad ha experimentado importantes y constantes cambios en toda su existencia, y es así como continúan surgiendo alternativas que solo buscan simplificar las operaciones de intercambios y pagos tangibles por opciones, quizás abstractas representadas por *Dinero Plástico* y *Dinero Electrónico*.

El primero, dinero plástico; conformado por un patrón representado por grupos de tarjetas de crédito y débito o pre-pagadas emitidas por el sistema bancario como sustitutos del dinero físico, en efectivo. Este debe su nombre al material con el cual son elaboradas y confeccionadas las tarjetas. En la actualidad gozan de amplia difusión y aceptación a nivel mundial.

El segundo vio la luz en Japón para el año 2001 por las grandes cantidades de dinero físico que habría que manipular para el pago del transporte público, dando paso a la creación de tarjetas recargables, y gracias a las transiciones del papel moneda al plástico y las operaciones o servicios bancarios como depósitos y transferencias en la banca. El dinero electrónico es visto desde hace algunos años como el responsable de la desaparición del dinero físico, de no ser así; sería entonces un recurso adicional dentro del sistema económico como es conocido y manejado actualmente.

Desde entonces convivimos con la utilización de diversas formas de manejar el dinero por las diferentes economías mundiales, el conocido sistema fiduciario, en el cual el dinero no cuenta con un valor intrínseco, estando acondicionado al control y emisión por parte de la banca central de los países, como por otras corporaciones supranacionales entre las cuales mencionamos el Banco Central Europeo para las comunidades que constituyen la eurozona. Así, el dinero representado en papel, monedas o digital, no cuenta actualmente con respaldo en metales preciosos, su valor fiduciario se basa y reposa estrictamente en la confianza que le otorgue el individuo, reconociendo que este será aceptado como un medio de pago seguro por sus participantes.

Si el dinero no gozara de esa confianza mutua y la aceptación en sociedad, las monedas y billetes que hoy día utilizamos en la negociación de nuestra actividad comercial; no serían más que simples fichas en papel sin ningún tipo de valor, a excepción de las monedas que según el metal con el cual fueron elaboradas, tendrían un valor de acuerdo a su peso.

Actualmente las sociedades cuentan con diversas y variadas formas de pago como los cheques, tarjetas de crédito, tarjetas pre-pagadas y transferencias electrónicas; las sirven para facilitar los procesos y trámites para la obtención de bienes y servicios sin necesidad de tener que transportar ni llevar el dinero en efectivo consigo a cada momento. Las tarjetas de débito o pre-pagadas también facilitan los pagos en comercios, tiendas y restaurantes a través de los puntos de venta y permiten el retiro de dinero en efectivo a través de los cajeros automáticos de las diversas redes interbancarias.

Es muy posible que en un futuro muy cercano y a corto plazo, gracias a la evolución de la tecnología, el dinero ya sea electrónico, el cual podría ser usado de forma anónimamente desde internet o en un centro operativo a través de microchip.

El dinero Fiat y el valor intrínseco

Estimado lector, probablemente antes de retomar la presente lectura realizaste alguna compra o tal vez organizaste tu billetera, manipulaste dinero; algunas monedas o billetes. Ahora bien, ¿Te habrás preguntado en algún momento, ¿qué es realmente ese dinero que tienes a la mano o está depositado en tu cuenta bancaria?, ¿Sabes qué tipo de dinero es?, pues bien, se trata de dinero conocido con el calificativo fiat, que, traducido del latín al español, significa "hágase" o "que así sea".

El dinero recibe este nombre, porque ha sido dado mediante decreto, orden e imposición de la máxima autoridad que gobierna o rige un país. Ese dinero que a diario manejamos, no podrá en ningún momento ser cambiado por oro ni por plata, lo podrá comprar, más no canjearlo; ya que el mismo y como tal no tiene valor que le permita semejante equidad.

En nuestro mundo solo existe el dinero fiat, y retomando un poco la historia reciente, es de resaltar que este giro se dio a partir de 1971, cuando Estados Unidos rompió el patrón oro. Quizás te preguntes por qué sucedió esto. A partir del período gubernamental del presidente francés Charles de Gaulle (1959-1969) y hasta 1970 con Georges Pompidou como presidente; Francia se dedicó a cambiar por oro de la Reserva Federal estadounidense, todos los dólares que circulaban y existían en el país.

Esto generó una baja extrema en las reservas de oro de los Estados Unidos y una pérdida de la influencia ejercida por el dólar en el extranjero, pues la nación entregaba su oro y a cambio recibía su moneda de vuelta. Aunado a esta estrategia ejecutada por Francia, el gobierno del presidente Richard Nixon, registraba un alto endeudamiento producto de la Guerra con Vietnam, y es así como el 15 de agosto de 1971, Nixon toma la decisión de derogar la convertibilidad del dólar, cerrando las puertas al patrón oro a nivel mundial.

A partir de entonces el dinero que circula deja de tener el respaldo y el valor atesorado dado por el gobierno que lo imprime, y pasa a ser de fiduciario a fiat, dinero sin respaldo tangible, simplemente dinero con valor atribuido por convenio. Por encima de todo lo reseñado, hechos históricos, decretos y determinaciones económicas de las naciones, el dinero continúa moviendo al mundo, muy a pesar de ser fiat; pero, ¿Por qué el dinero tiene valor? Sencillo y en una sola palabra, el dinero que utilizamos a diario goza de "confianza", pues el papel moneda y metal que usamos todos los días y prácticamente en todo el mundo es moneda fiduciaria y no tiene ningún tipo de valor intrínseco.

Definiendo, podemos decir que el valor intrínseco del dinero conformado por papel moneda o moneda fiduciaria, es el conglomerado del valor representado por elementos esenciales que lo componen: papel, tinta y confianza, indiscutiblemente. Si llegara un momento en el cual el individuo perdiera la confianza total en el dinero, nos quedaría solo una representación impresa en un trozo de papel con tinta con valor igual a cero.

¿Y las monedas físicas?, a diferencia de los billetes impresos, las monedas si poseen un valor intrínseco y este viene representado por el peso del metal con el cual han sido acuñadas, sin embargo, estas monedas físicas circulantes son tan perecederas comparadas con el papel moneda, dinero electrónico o bancario, que su impacto en el sistema bancario actual es prácticamente irrelevante.

Realmente esto significa que el euro, el dólar, la libra, el yen, etc., al no tener respaldo por algo verdaderamente tangible como el oro o la plata, son nomenclaturas de monedas sencillamente impresas en papel, en las cuales todos creemos por convicción, dándole a través de la confianza un valor fiduciario.

Entre las más grandes contrariedades y problemas que origina la falta de valor intrínseco en el dinero, es poseer la elaboración de la moneda bajo control total, ya que al no contar con un elemento que funja como anclaje, la tendencia de este tipo de moneda es de carácter inflacionario.

Dejemos en claro entonces dos importantes conceptos sobre tipos de dinero que hemos visto:

- **Fiduciario**: Es el que se respalda en la confianza y fe puesta en el dinero por parte de la sociedad, este no viene resguardado o está amparado por metales preciosos ni otra cosa que sea la exclusiva garantía de pago por parte del organismo emisor. Una moneda fiduciaria es una divisa nacional que no se encuentra asociada al precio de alguna materia prima de comercialización mundial como el oro y la plata.
- **Fiat**: Es el dinero por decreto, diferenciándose del anterior debido a su imposición gubernamental otorgándole el carácter de moneda de curso legal y es utilizado en grandes cantidades por gobiernos e instituciones internacionales como parte de sus reservas internacionales, utilizándolo también como la moneda referencial para establecer precios de bienes comercializados a nivel global internacional como el petróleo y el oro entre muchos otros.
- **Algunos modelos de monedas fiat**: El dólar estadounidense, el euro, el yen y demás monedas principales de reserva como el marco alemán, la libra esterlina, el franco francés y el franco suizo.

Gracias al dinero pueden ser satisfechas nuestras necesidades, gustos, placeres y negociaciones; sin embargo, conviene tener en cuenta y muy presente que el dinero usado habitualmente no tiene valor intrínseco, vale la confianza que en él se tiene. En el momento menos pensado y como ha sido demostrado históricamente, este pasará a ser un simple trozo de papel. Será conveniente disponer solo del dinero que sea necesario para gastos corrientes, el restante vale invertirlo en bienes tangibles.

Reforcemos un poco el concepto básico de este apartado sobre el dinero fiat, Este tipo de dinero, que ya fue utilizado en la China del Siglo XI con la Dinastía Ming, es dinero que por sí mismo no tiene ningún tipo de valor y que tampoco goza ni está respaldado por reservas en metales preciosos como el oro o la plata de su entidad financiera emisora, su valor existe simplemente porque ha sido decretado como dinero y porque las autoridades, por medio de sus leyes dice que es dinero y tiene ese valor.

Con la aparición del dinero fiat, se corrigen estos problemas que hemos expuesto y que representa el dinero fiduciario: la entidad financiera o banco emisor ya no está en la obligación de entregar oro ni plata a cambio de sus billetes y monedas, y la cotización de su moneda ya no depende del valor de su oro, a pesar de que sigue siendo viable, de alguna manera; seguir utilizando el oro de manera parecida a como se utiliza el dinero.

Esta es la razón por la cual, la mayor cantidad de países alrededor del mundo fueron adoptando este sistema a lo largo del Siglo XX, convirtiéndose en universal a partir del momento cuando el dólar estadounidense abandonó el patrón del oro en 1971. Actualmente ya no existe mencionado dinero fiduciario, todo el dinero que conocemos y circula en el mundo, es dinero fiat.

Ahora bien, que el dinero fiat no esté respaldado por las reservas de oro del país no significa que no esté respaldado por nada. Aunque desde el punto de vista oficial e institucional este dinero tiene valor porque la ley dice que vale y así lo establece; su valor sigue dependiendo de la confianza y de que la gente le deposite confianza y siga creyendo o confiando en aceptarlo como medio de pago y su moneda oficial de curso legal.

Con seguridad podemos afirmar y decir que el respaldo que tiene una moneda moderna está en la economía propia del país que la emite.

Un país se hace rico y próspero con una economía saneada, y así logrará tener una moneda fuerte que sea bien recibida y aceptada de manos abiertas en el mercado; en caso contrario, será imposible.

El dinero digital y cómo llegamos a él

Primero compartamos una definición breve y universal sobre qué es el dinero digital: Un recurso para el intercambio comercial de manera electrónica, no manual ni física; permitiendo transacciones y transferencias inmediatas sin importar distancias ni horarios, incluso tipo específico de moneda.

Desde tiempos muy recientes existen también las ya mundialmente conocidas monedas virtuales, como las criptomonedas; un tipo de moneda digital válida prácticamente en el mundo entero para todo tipo de operaciones bancarias y comerciales. Desde grandes corporaciones hasta a nivel personal, efectuamos compras y pagamos con dinero digital, un abstracto si bien cabe el término; pues en la gran mayoría de los casos solo veremos un número reflejado en el estado de cuenta, sin tener una sola de estas monedas a la mano.

El dinero digital o también moneda digital, moneda virtual, divisa virtual, dinero virtual o dinero electrónico; no conoce de fronteras ni límites geográficos, tampoco está sujeto a una condición centralizadora. Este, el dinero digital; posee condiciones y propiedades similares o afines con las monedas físicas solo por su aceptación, disponibilidad operativa y de negociación.

Las monedas y las criptomonedas, representan tipos de monedas digitales y su conversión es incorrecta. A la par con el dinero tradicional, estas monedas fungen de igual utilidad al momento de adquirir bienes, productos o servicios, aunque pueden estar sujetas a restricción por algún tipo de comunidad, servicios en línea o redes sociales.

Algunas monedas digitales como el Bitcoin, se caracterizan por ser monedas descentralizadas, ya que no existe ningún tipo de intervención, control, ente supervisor o punto neurálgico que controle su emisión, oferta o movimiento; su valor se almacena en un soporte electrónico.

El dinero electrónico está inmerso en cualquier sistema o método de pago que implique la utilización de recursos a través de medios digitales. De ellos participan las tarjetas de débito, tarjetas de crédito y monederos electrónicos, entre muchos otros. Todos estos elementos de pago demandan la utilización de software computarizado, al igual que hardware en ciertos casos y conexión a internet para lograr realizar sus transacciones.

Nos estamos refiriendo a un concepto específico de dinero expresado en bits (unidad mínima de información computarizada). Se trata de un medio de pago que carece de unidad física, realizando sus operaciones por medio del intercambio de bits, sin manejo de billetes, monedas, tarjetas o cualquier otro recurso convencional. Motivado a ello, también encontraremos otros tipos de denominaciones, tales como; e-money, cyber-currency o digital-cash.

Las nuevas tendencias del mercado, sus exigencias, requerimientos y soluciones más expeditas, formaron un cúmulo de variantes que demandaban a las diversas economías y movimientos monetarios del planeta; una forma más universal, práctica y de valor; al alcance de un click. Gracias a las crecientes novedades tecnológicas, se formalizan operaciones a todo nivel bajo este formato del dinero. Ahora bien, veamos un poco más de historia y cómo es que hoy día hemos llegado o ha llegado a nosotros el dinero digital.

En el año 1440 Johannes Gensfleisch zur Laden zum Gutenberg, mejor y más conocido como Johannes Gutenberg, inventa la imprenta y paradójicamente aparecieron de inmediato regulaciones de todo tipo para imprimir libros, las cuales constituían pena capital en algunos países. ¿Por qué esta referencia?

La constitución de los Estados Unidos, prohíbe a sus ciudadanos emitir o acuñar su propia moneda y a su vez, competir con el dólar. Sin embargo, en 1998 Bernard von NotHaus crea su propia moneda Liberty Dollar (Dólar Libre ALD), disponible en oro, plata y platino con valor superior a cinco centavos de dólar y similares a esta. El 18 de marzo de 2011 es declarado culpable de cometer "terrorismo doméstico" y fabricar monedas falsificadas que buscarían perder la confianza en el dólar tradicional.

Actualmente Von NotHaus se encuentra bajo arresto domiciliario, en espera de una posible condena que podría estar cerca de los 20 años de prisión, por el crimen de hacer su propio dinero.

Años más tarde, en una convención de hackers efectuada en

Holanda, uno de los participantes, identificado bajo el seudónimo de Satoshi Nakamoto establece contacto con Bernard von NotHaus y le manifiesta su gran admiración por tal hazaña, haciéndole saber que este era su inspirador para crear una nueva moneda.

Mucho se habla de cuál o tal es la primera moneda digital, mientras que, en los bancos del mundo, y por años; se crea dinero digital constantemente, el cual no existe ni en oro, ni en papel, ni en monedas; sólo en cifras y números en una cuenta bancaria "digital".

Hagamos un fácil, realista y práctico ejercicio matemático. Cuando un ahorrista efectúa un depósito de 1000 dólares en su cuenta bancaria, la entidad se quedará con una parte de su dinero y prestará el restante, sin embargo, en su cuenta, el cliente seguirá disponiendo y contando con sus 1000 dólares que en realidad no los tiene. Este es un claro ejemplo de que el banco ha creado y ha generado más de 900 dólares digitales a partir de un depósito por cada 1000 dólares que realiza un ahorrista. Compramos y pagamos con cifras abstractas de un capital que solo figura en dígitos.

Para ubicarnos en un claro ejemplo de cómo llegamos al dinero digital, vayamos a mediados del siglo XX cuando surge la primera tarjeta de crédito creada por Frank McNamara a través de Diner´s Club. Dando por sentado que el dinero en papel ya pasaría a otro plano de importancia, y que en pocos años; más de la mitad de sus clientes y un altísimo número de habitantes norteamericanos tendría en su poder, una tarjeta de crédito.

En 2009, el Dow sufrió una caída estrepitosa mientras que Wall Street se convertía en toda una pesadilla; producto de la desconfianza en la banca, los gobiernos e inseguridad en el dinero centralizado. En ese justo momento es publicado un white paper que describe el protocolo Bitcoin y, a pesar de que su creador figura en el anonimato; son muchos los individuos que dan su aprobación para que este proceda y se ponga en marcha.

Así pues, entre novedades, tendencias, requerimientos, necesidades, debilidades y fortalezas del dinero en distintos formatos; con sus dinámicas cambiantes en todas las sociedades del mundo, frente a las debilidades y oportunidades en todas sus prácticas y exigencias en la operación de la venta, compra y pago; llega a nuestras "manos" y a nuestros computadores y dispositivos móviles, en torno a la tecnología del momento, un recurso de valor: El dinero digital, confiable, seguro, vigente y activo para la fácil e inmediata negociación. Una nueva manera de mover el dinero y capitalizar de alguna u otra manera.

Como Gutenberg, von NotHaus y muchos otros, los gobiernos imponen sanciones a todos aquellos que consideran un riesgo universal con sus creaciones en invenciones; sin embargo, la historia es la que finalmente se encarga de dictar sentencia final y determinante. La imprenta Gutenberg se mantiene y se ha convertido, cinco siglos después; en uno de los inventos más revolucionarios a favor de la humanidad. 22 años después de haber visto creada su propia moneda, NotHaus es condenado y puesto bajo arresto, mientras otros emprendedores hacen lo propio tomando a este personaje como inspiración. Así pues, un breve repaso de cómo surgió el dinero digital y cómo llegamos a él.

Tengamos en cuenta que el dinero es todo activo o bien universalmente admitido como un medio de pago por los actores económicos y participantes cambiarios válido para sus negociaciones, cumpliendo una función básica y fundamental como unidad de cuenta y depósito de valor. Existen diversos tipos y formatos de dinero manejo de él, a saber y recordar; monedas, billetes, tarjetas de débito, tarjetas de crédito, movimientos electrónicos, criptomonedas, monedas digitales entre muchos otros.

El dinero que conocemos, ese que tenemos en nuestras billeteras, que usamos todos los días, que llevamos al banco y que está representado por billetes y monedas, necesita ser y estar debidamente avalado y certificado por la entidad bancaria emisora. La legitimidad de la moneda y confianza en ella, debe ser su mecanismo de construcción para su convenida aceptación.

Hoy por hoy, los gobiernos tienen la autonomía y potestad; mediante el establecimiento de sus leyes, de decretar cuál será el espécimen de dinero establecido para su curso legal, respetando que otros entes como los bancos centrales y casas de la moneda, tendrán a cargo la responsabilidad y compromiso de reglamentar e inspeccionar la política monetaria de su propia economía, así como la creación de las monedas y billetes precisos conforme a sus necesidades para garantizar y satisfacer a su comunidad en sus demandas de contar con dinero efectivo-físico circulante.

Viendo el panorama desde la óptica que tienen las ciencias sociales y económicas, el elemento o factor socio-cultural se encuentra inmerso en el juego, ya que al contar con una moneda como bien público emitida por su gobierno, y dado que este (el dinero) presta un servicio de predominancia común; se le debe regular por parte de las autoridades competentes del sector público de la nación, como se ha dicho; por medio de los bancos centrales y casas de la moneda. Una estrategia que evitará la creación de otras monedas o circulante paralelo por parte de terceros, que pongan en riesgo el avalado como de curso legal.

Concluimos este interesante apartado sobre el dinero con una excelente frase del estadista inglés Benjamín Disraeli (1804-1881), quien en una ocasión dijo:

"Lo mejor que podemos hacer por otro no es sólo compartir con él nuestras riquezas, sino mostrarle las suyas."

Reconoce tus talentos, disfruta tus riquezas y siéntete feliz de ver al otro también con las suyas.

CAPÍTULO 3
BLOCKCHAIN, BITCOIN Y EL ORIGEN DE LAS CRIPTOMONEDAS

LA CRIPTOGRAFÍA Y DINERO DIGITAL

Desde siempre el hombre se ha visto en la necesidad de resguardar, reservar y ocultar algún tipo de información o datos, y no precisamente a partir de la era informática, computadoras, internet o dispositivos móviles; siempre hemos guardado celosamente aquello que en su momento solo nosotros daremos a conocer si es preciso.

El significado de la palabra criptografía, se traduce a un término genérico que describe aquellas técnicas que permiten de alguna manera cifrar o abreviar mensajes, datos e información para convertirlos en ininteligibles, sin necesidad de recurrir a ciertas o determinadas acciones concretas. Existen dos expresiones o verbos asociados directamente a criptografía, son ellos; cifrar y encriptar, las cuales suelen ser utilizadas con mucha frecuencia.

La criptografía se fundamenta y está inmersa totalmente en la aritmética. Veamos el caso para encriptar o cifrar un texto. En este proceso, se trata de convertir las letras que constituyen el mensaje en una serie o conjunto de números a manera de bits, dado que los equipos y sistemas informáticos utilizan el sistema binario. Se realizan cálculos con estos números para modificarlos y convertirlos en un código incomprensible.

Al producto de esta conversión hecha a un mensaje se le conoce y se le llama texto cifrado, en comparación con el mensaje original, conocido como texto simple. Un dato importante en el proceso, es garantizar que este cambio de texto simple a texto cifrado, pueda ser perfectamente procesado por el receptor al momento de recibirlo y proceder a descifrarlo.

La acción de hacer secreto un mensaje o codificarlo para ocultar su contenido se llama cifrado. El procedimiento inverso, que permitirá al receptor recuperar la estructura original del mensaje es el descifrado. Para que ambos procesos sean logrados y se cumplan a cabalidad, se requiere lo que conocemos como Claves Simétricas para el modo secreto y Claves Asimétricas para el modo público.

- Claves simétricas: Utilización de ciertos algoritmos para descifrar y encriptar (ocultar) documentos. Son conjuntos de algoritmos diferentes que se relacionan entre sí para mantener garantía en la conexión confidencial de la información.
- Claves asimétricas: Corresponden a una fórmula matemática que utiliza dos tipos de llaves, una pública y la otra privada. La llave pública es susceptible al acceso de cualquier persona, mientras que la llave privada es aquella que sólo puede ser utilizada por la persona que recibe el mensaje y es capaz de descifrarlo.

En inglés, el vocablo *decryption* (descifrado), se refiere al acto de intentar descifrar en forma ilegítima un mensaje por parte de un tercero (atacante), ya sea que conozca o no la clave de descifrado.

Podemos afirmar que tradicionalmente la criptografía es utilizada para ocultar mensajes por parte de ciertos usuarios. En la actualidad, y vía informática; esta función es incluso mucho más útil, ya que las comunicaciones a través de Internet circulan por una infraestructura cuya fiabilidad y confidencialidad no pueden ser garantizadas. La criptografía es manejada no sólo y precisamente para proteger la privacidad de los datos, sino también para garantizar su integridad y legitimidad.

Cuando una persona ajena al proceso (atacante) pretende penetrar en el mensaje sin conocer la clave de descifrado, se habla de criptoanálisis o criptoanálisis, también es utilizado el término decodificación.

En esencia, la criptografía es una técnica que facilita la protección de datos y documentos, funcionando mediante el manejo de cifras y códigos para convertirlos en confidencial, garantizando así una circulación a través de redes locales o internet de forma más segura y confiable. La presencia de la criptografía en la humanidad es tan antigua como la escritura misma. En la época del imperio romano, eran usados códigos secretos y de esta manera ocultar proyectos de guerra a quienes no debían conocerlos. Solo aquellas personas autorizadas, de confianza y que por ende conocían tales códigos, estaban en facultad plena de descifrar el mensaje oculto.

Una vez llegada la computadora y a partir de su evolución, la criptografía ha logrado viajar por un terreno más amplio y de fácil divulgación de sus contenidos: Inmediatez y bilateralidad, por mencionar dos sencillos ejemplos. Gracias a la tecnología, la criptografía ha sido modificada, empleada y estructurada bajo algoritmos matemáticos, manteniendo la seguridad de sus usuarios. La criptografía preserva su integridad en la web, autenticidad del usuario, remitente y receptor, junto al contenido del mensaje y su debido acceso.

Un mensaje codificado, utilizando la criptografía como método, debe ser estrictamente privado, exclusivamente quien lo envió y quien recibirá deberán tener las claves que le permitan acceder e interpretar la totalidad al mensaje oculto. Un mensaje requiere ser suscrito, es decir, el receptor, la persona que recibirá el mensaje, podrá constatar y verificar si el remitente es realmente la persona que dice ser y contar también con los recursos que le permitan identificar si un pudo haber mensaje ha sido interceptado y modificado.

Los métodos manejados hoy día por la criptografía son bastante seguros y eficientes, estos se basan en una o más llaves. La llave es una secuencia de caracteres que contienen letras, símbolos y dígitos para luego ser convertida en un número, utilizado por los métodos de criptografía para codificar y decodificar los mensajes, según sea el caso.

Un recurso o elemento universal ampliamente utilizado mediante el proceso de criptografía es el dinero, dando así origen a lo que ya hemos visto y conocemos como dinero digital. El dinero electrónico o dinero digital, también dado a conocer como e-money, efectivo electrónico, moneda electrónica, efectivo digital o moneda digital, hace referencia al dinero que es emitido de forma electrónica, mediante el uso de redes computarizadas, internet y por sistemas de valores almacenados de forma digital como ocurre con el Bitcoin.

Algunos países utilizan el dinero digital como instrumento autorizado de pago, estableciendo el uso de una determinada moneda. Son ejemplos de dinero digital operaciones bancarias como depósitos, giros y transferencias. Este no tiene alguna unidad física representativa y sus transacciones se realizan a través del intercambio de bits sin la necesidad tradicional de utilizar monedas de metal, billetes o cualquier formato de pago; sin que exista la intervención o participe alguna entidad bancaria o financiera, es factible ejecutar cualquier trámite de fondos económicos sobre la plataforma criptográfica.

Dinero instantáneo e inmediato desde cualquier punto geográfico, directo a las manos (cuenta) del receptor. Seguro y confiable a un solo un clic, sin necesitar comprobación física o verificación manual; eso es el dinero digital en nuestros tiempos, dinero que va y viene en un viaje oculto y encriptado por la web.

El dinero digital no deja de representar y constituir una interesante situación en el mundo de la criptografía, el uso y manejo del dinero electrónico, se sigue efectuando aún, a una escala relativamente baja en comparación con la cantidad de usuarios registrados vs. quienes se encuentran activos; ya que persiste cierto nivel de incertidumbre en un número importante de potenciales prospectos.

A nivel global y comunitario debemos resaltar el éxito que ha tenido el sistema de tarjetas Octopus en Hong Kong, que dio sus primeros pasos como herramienta de pago para el tránsito masivo, utilizando ampliamente un esquema de dinero digital. A esto se suma Singapur, que al igual que en Hong Kong, implementó un sistema de pago para el transporte público en trenes y autobuses entre otros; basado en el mismo tipo de tarjeta.

De forma paulatina, muchos países se han ido incorporando y

sumando a la utilización de dinero digital, bajo regulaciones de sus gobiernos y sus bancos centrales, tal es el caso de los Países Bajos: Cuando destacó con Chipknip ya extinta, Nicaragua con su tarjeta TUC y Venezuela con la creación de El Petro.

Existe otro gran sistema de pago muy conocido y efectivo que opera en Aisa, específicamente en China; se trata del WeChat que acumula cerca de mil millones de usuarios, quienes mediante un código QR, realizan transferencias de dinero digital en forma directo y sin mediadores.

Todos estos cambios, avances y transformaciones en los procesos económicos no tradicionales, han visto una excelente y magnífica oportunidad en los abrumadores avances tecnológicos que día a día tenemos oportunidad de presenciar, estos; los cambios, abren un extraordinario abanico de oportunidades y una puerta amplia al uso cada vez más generalizado de diversas monedas digitales ya conocidas y muchas que seguirán apareciendo en un futuro no muy lejano. Ahora bien, alguna vez te has preguntado ¿Cuál es el potencial de estas monedas y hasta dónde serán capaces de llegar?

En este viaje estupendo que estamos realizando a través del dinero, su historia, transformaciones y modalidades, daremos un salto hacia el futuro para detenernos a pensar un poco sobre sus posibles implicaciones. Nos embarcaremos en una misión futurista en la que llevaremos más preguntas que afirmaciones concretas. Dispongámonos a viajar con una actitud positiva y sin desánimo, inspirados en aquellas palabras que alguna vez expresó el reconocido escritor francés Víctor Hugo (1802-1885): *"El futuro tiene muchos nombres. Para los débiles es lo inalcanzable. Para los temerosos, lo desconocido. Para los valientes, es la oportunidad"*.

En nuestro punto de partida se nos hace saber que no podemos dejar de lado el dato que, desde hace ya algún tiempo, las monedas digitales existen y están siendo muy bien manejas, utilizando canales apropiados con gran confianza e inmediatez. Debemos tener en cuenta que las reservas de los bancos comerciales en los bancos centrales y los pagos que hacemos con tarjetas y mediante aplicaciones móviles; son claros ejemplos de la existencia de dinero digital.

Por tal motivo, nos conviene entonces, destacar los grandes

progresos y avances tecnológicos relacionados con los mecanismos Blockchain y la destreza efectiva de sus destacados sistemas electrónicos de pago, haciendo posible que el dinero digital goce de mucho más protagonismo en la economía del futuro, como casos que vemos en el presente y comprobaciones que tenemos del pasado.

Un breve recorrido nos hace recrear una importante reflexión, y es que nuestra sociedad requiere conseguir de manera inmediata, perfeccionar la tecnología al más alto nivel posible para así potenciar de manera firme los medios más prácticos que ayuden a implementar la creación de una moneda digital para uso global. Por el momento presente seguimos contando con las existentes, donde el Bitcoin representa un valioso ejemplo de actualidad y destacada función criptográfica dentro del mundo informático. Así damos entrada para hablar acerca del hash.

El hash es el nombre que recibe una determinada función criptográfica. Estas funciones cuentan en su haber con un objetivo primario, codificar datos para dar origen a una cadena única de caracteres. En este proceso no es una limitante la cantidad de datos que sean introducidos inicialmente en la función.

Las funciones criptográficas del hash son útiles y factibles para asegurar la autenticidad de los datos, almacenar contraseñas de forma segura y las firmas de documentos electrónicos. Las funciones hash son de uso predilecto y amplio dentro de la tecnología Blockchain, con el firme propósito de dar y reforzar seguridad a las mismas. Un ejemplo predilecto y claro es el del Bitcoin, que usa los hashes para hacer posible la utilización efectiva de la tecnología de las criptomonedas.

Un hash es una operación y función criptográfica que genera indicadores únicos e irrepetibles a partir de datos e información recibida. Es tal cual una huella digital, ese diseño dactilar sin par que todo individuo lleva de sus dedos. Los hashes contorman una pieza clave para la tecnología Blockchain y su utilidad es definitivamente amplia.

La primera función hash de la cual se tiene registros, ocurrió en el año 1961, cuando Wesley Peterson creó la función Cyclic Redundancy Check (Comprobación de Redundancia Cíclica). Esta primera función hash fue creada para lograr la comprobación efectiva y de cuán correctos eran los datos transmitidos a través de las redes digitales desde una plataforma en internet y en sistemas de almacenamiento digital.

Esta función fue según Peterson y los entendidos en la materia, fácil de implementar además de rápida, ganó aceptación inmediata; siendo hoy un estándar industrial. Gracias a la evolución, crecimiento de la informática y los computadores, estos sistemas han alcanzado excelente especialización y cada vez mayor distinción como función criptográfica.

Las funciones hash funcionan mediante una serie de procesos lógicos y matemáticos complejos. Estos procesos son introducidos a un software computarizado con el objetivo de ser utilizados desde el mismo ordenador. A partir de allí pueden ser tomados cualquier serie de datos, introducirlos en la función y procesarlos.

El resultado será una cadena de caracteres de longitud fija y única por los caracteres recibidos. Es prácticamente imposible realizar un reverso del proceso, es decir; a partir de un hash ya formado es metódicamente imposible obtener los datos originales. Gracias al proceso de creación de hashes, este es un procedimiento unidireccional, viaja en un solo sentido.

Ilustremos la explicación anterior con un sencillo ejemplo de la vida cotidiana, la elaboración de una dona. Todos y cada uno de los ingredientes se correspondería con la entrada de datos al ordenador. El proceso de preparar y cocinar la dona sería el correspondiente a la codificación de datos por la función. Al concluir tendremos una dona con una serie de características únicas e irrepetibles dadas por sus ingredientes originales. El proceso invertido, es decir llegar a los ingredientes básicos partiendo de una dona debidamente elaborada, es imposible.

La función de Peterson, inspiró y permitió la creación de nuevas y desde luego, mejores hashes; entre los que mencionamos:

1. **MD2:** Creada en 1989, es una de las primeras funciones criptográficas del mundo. Su creador fue Ronald Rivest. Esta función gozaba de un alto prestigio, seguridad y eficiencia para el momento, garantizando un nivel de seguridad

extremo en internet. Su posterior evolución impulsó a crear la función hash MD5, usada en ambientes donde la seguridad no representa mayor preocupación.

2. **RIPEMD:** Creada en 1992, es una función criptográfica para el proyecto europeo RIPE. Su principal función era la sustitución de la función estándar para entonces, la MD4. En tiempos actuales, es considerada muy segura; en especial sus versiones RIPEMD-160, RIPEMD-256 y RIPEMD-320.

3. **SHA:** Creada en 1993 por la NSA, es el estándar de actualidad en hashes criptográficos. NSA la crea como parte ícono de su proyecto interno para dar autenticación a documentos electrónicos. Las funciones hashes más seguras hasta los tiempos presentes son los SHA y sus derivadas. Destacando SHA-256 por ser clave en la tecnología que hizo posible y dio paso al Bitcoin.

Las funciones actuales de los hashes tienen un nivel de seguridad suficientemente alto, aunque esto no pretenda decir que son 100% infalibles. Un ejemplo importante lo encontramos en la función hash MD5. En un principio, sus especificaciones garantizaban alta seguridad y confiabilidad total. Su utilización se extendió en internet para satisfacer la necesidad de un útil sistema hash que permitiera mantener la seguridad web. En el año 1996 esa seguridad se vio quebrantada y se pudo romper la función, quedando obsoleta; recomendando inmediatamente abandonar su uso.

En otro panorama, funciones como RIPEMD-160 y SHA256, están compuestas de tanta complejidad que la seguridad de sus funciones representa en los días que corren, una garantía total. Por ejemplo, para lograr romper la seguridad de la función SHA-256, se calcula que serían requeridos miles de años, usando súper-computadoras de alta gama con los más amplios estándares de actualización en software y hardware.

Igual sucedería con la función hash RIPEMD-160 y sus consecuentes evoluciones. Todo esto puede ser interpretado como que ambas funciones continúan brindando un alto y confiable nivel de seguridad, siendo utilizadas sin temores y sin ningún tipo de inconvenientes. Y aunque estas funciones hash son altamente seguras, el proceso de investigar y desarrollar otras más complejas no se detiene, sus analistas continúan en la búsqueda de funciones cada vez más poderosas y confiables.

Gracias a su gran velocidad, eficiencia, economía computacional y única, las funciones de hash son extensamente usadas dentro de la tecnología Blockchain. Así que cuando Satoshi Nakamoto hizo público su white paper sobre Bitcoin, dio a entender y explicó por qué y cómo dio uso a SHA-256 y RIPEMD-160 en Bitcoin. Desde entonces, la tecnología Blockchain ha evolucionado grandemente, considerando que las bases tecnológicas siguen siendo las mismas. Dar uso a una criptografía fuerte y hashes para que la tecnología sea aún más segura, privada e incluso anónima, es prácticamente un mandato para la Blockchain.

El nacimiento del Bitcoin

Es bastante probable que a estas alturas una gran cantidad de personas en el mundo haya escuchado sobre Bitcoin y quizás conozca algo al respecto. Y es que resulta tal el crecimiento exponencial que ha tenido esta moneda y su fabricación por millones en cuestión de pocos años, que sin lugar a dudas da mucho de qué hablar. Genera incluso hasta curiosidad querer saber cómo y porqué hasta en programas y series de TV reconocidas y de alto rating hayan mencionado la palabra Bitcoin.

Saber si es tendencia, un fenómeno, proceso de cambio o solo una moneda digital más, es nuestra tarea. Conocer su origen, quién fue su creador y demás datos que nos darán luces para entonces, manejemos el término Bitcoin con confianza y tal vez, hasta participes de proceso económico mundial que ha generado discusiones, temas y foros de interés global, específicamente para el movimiento y novedades en lo que se refiere a criptomonedas.

Bitcoin es sencillamente una criptomoneda, una moneda virtual, sustentada por su misma red. Una moneda virtual que se rige desde internet, es abstracta y sin forma física como suelen ser todas las monedas como las conocemos. En la actualidad existen innumerables comercios alrededor del mundo que aceptan en forma pública, abierta y directa el pago de sus operaciones a través del Bitcoin.

En el año 2008 Bitcoin es creada por un sujeto que se dio a conocer bajo el seudónimo de Satoshi Nakamoto, cuya identificación concreta aún es de carácter desconocido. Junto a un grupo de desarrolladores voluntarios, Nakamoto trabajó en un código fuente de aplicaciones hasta diciembre de 2010, fecha en la que cesó su actividad pública.

Bernard Von Nothaus fue inspirador de Satoshi Nakamoto, recordemos que años atrás Nakamoto le contacta haciéndole saber su gran admiración por la hazaña de haber creado su propia moneda y que él daría ese mismo paso, creando al poco tiempo el Bitcoin.

Bitcoin es una unidad de pago autorregulada sin respaldo, sin referencia física y sin aval por parte de ningún país que mantiene en el anonimato la identidad de sus propietarios. Sus operaciones y demás transacciones son efectuadas a través de internet por medio de códigos cifrados y confirmados de manera múltiple por los participantes e integrantes de la red tecnológica conocida como Blockchain.

El conocimiento y posesión de un código hace a quien lo adquiere, propietario de dicho activo (criptomoneda). Bitcoin es una moneda netamente digital. Entre los aspectos más polémicos que giran en torno al Bitcoin, es su proceso de creación, lo que es conocido y descrito como minería. Este proceso en la práctica, ha pasado a ser controlado por muy pocas manos, la mayoría son grupos debidamente organizados y establecidos en Asia. Con el constante crecimiento en el precio del Bitcoin, la rentabilidad de su proceso de minería sólo es posible en regiones geográficas donde los costos energéticos son más bajos.

Esta moneda es una versión concreta de efectivo que utiliza la criptografía para así tener el control total sobre su creación y sus operaciones, lejos de que lo haga un poder centralizado, y que a diferencia del dinero fiduciario, su valor no lo establece autoridad monetaria alguna y que además lo emita.

Para muchos, Bitcoin es un completo misterio como la identidad de su creador, para otros la oportunidad de sustituir el sistema financiero actual. Para los gobiernos es un medio a través del cual el crimen organizado realiza sus operaciones sin ser detectados, pero para los inversionistas, Bitcoin es la nueva moneda virtual que no puede faltar en ningún portafolio de negocios e inversiones.

Bitcoin (BTC) es la primera moneda digital usada y distribuida en forma virtual, cuyo valor los primeros días del mes de abril de 2021 alcanzó los 58.806,23 dólares estadounidenses, es en sí misma una red descentralizada peer-to-peer (de igual a igual). No existe en todo el mundo ninguna institución o persona que controle su emisión, gasto o reserva. La producción de cada Bitcoin es digital y sólo existen 21 millones de unidades. Se dice que su creador posee el 5% de ellas.

El programador Satoshi Nakamoto y su grupo de programadores, presentan por vez primera en 2009, un software de código abierto llamado Bitcoin, producto de la crisis económica que atravesaba el sector financiero por la conocida burbuja inmobiliaria y la consiguiente decisión que tomaron los gobiernos de imprimir excesivo dinero inorgánico para proteger y rescatar a los bancos.

Siguen y persisten muchas dudas y rumores sobre la verdadera identidad de Satoshi Nakamoto, creador de Bitcoin, sin embargo, todas y cada una de las personas asociadas a estos rumores han negado ser Nakamoto. En una oportunidad, en el año 2012, el mismo Nakamoto expreso ser una persona de sexo masculino con 37 años de edad, residenciado en Japón, lo cual no fue del todo convincente por hablar un inglés perfecto y muy fluido, además despertaba inquietud el horario que establecía para conectarse en foros de la red y el software por él utilizado no estaba etiquetado en japonés.

¿Cómo nacieron las Criptomonedas?

De su origen se distinguen dos nociones dentro del mismo término Criptomoneda. *Cripto* es la primera, y se basa en la criptografía, que según la RAE significa escribir con clave secreta o de forma enigmática; y *Moneda*, la segunda.

En tal sentido, para cuando Wei Dai difundió por vez primera para el año 1998 el concepto de moneda criptográfica en la lista de correo electrónico "cypherpunks", propuso la conjunción o emparejamiento entre una moneda nueva y la criptografía con el objetivo de sustituir el control que realiza una autoridad monetaria centralizada en la generación o creación y la ejecución de sus operaciones mediante el uso cifrado de pruebas y tests matemáticos que suministren altos y garantizados niveles de seguridad.

Al igual y a la par de la mayoría de las invenciones e innovaciones, la primera criptomoneda en aparecer, requirió un tiempo de gestación y maduración y un contexto apropiado. Por eso, un mes después de la quiebra del Lehman Brothers, Satoshi Nakamoto publica el 31 de octubre del 2008 el primer whitepaper referido a su primera criptomoneda denominada "Bitcoin (₿, BTC, XBT), A Peer-to-Peer (P2P) Electronic Cash System"-

El whitepaper propone la creación de un sistema operativo electrónico de pago sin la necesidad de una autoridad intermediaria o supervisora que brinde confianza sobre la propiedad que tiene cada usuario sobre sus unidades monetarias. Para ello, reconoce la importancia y necesidad de implementar un registro cronológico de todas las operaciones y transacciones a fin de dilucidar su existencia, y la posterior transmisión hacia todos los demás servidores de la red con el propósito de evadir cualquier riesgo de doble gasto de las unidades.

De esta manera, debido a que los registros de las transacciones se asocian o agrupan en bloques que contienen todos los datos e información del bloque anterior se origina una cadena de bloque, llamada Blockchain.

Ya para finales del mes de enero del año 2009, Satoshi Nakamoto anuncia al mundo y oficializa a través de la red, el lanzamiento de su creación: Bitcoin, la primera moneda criptográfica de la historia y que se convertiría en la génesis de nueva e inédita manera de comercializar en red a través de la web.

Resulta muy interesante, hablando sobre el origen de las monedas virtuales, destacar que, para la fecha, y 12 años después de haber sido creada y dada a conocer al mundo Bitcoin, la criptomoneda más notable, relevante e importante del mundo; existan aproximadamente en la red un poco más de 1600 monedas digitales que buscan cubrir y satisfacer innumerables necesidades a millones de usuarios que hoy día utilizan este innovador recurso como su recurso financiero de primera línea.

Características de la red Bitcoin
Hemos visto el momento histórico y las circunstancias que se

presentaban en el mundo para cuando se crea y da a conocer Bitcoin como un software de código abierto y su aparición como primera moneda digital, igualmente; una serie de aspectos importantes en cuanto a su estructura, operatividad, efectividad, garantía y seguridad y valor. Conozcamos un poco más sobre esta fascinante moneda y parte de sus características básicas.

- **Es anónima:** Los bancos tienen conocimiento suficientemente amplio sobre todos los datos de sus clientes. Direcciones, números telefónicos, correos electrónicos, referencias de contactos, lugares de trabajo, balances, otras cuentas, gastos, movimientos y mucho más. Lo mismo sucede desde Google y Facebook, redes que logran rastrear toda información de sus usuarios con tan solo un par de clics. Con la utilización de la red Bitcoin, todo resulta diferente, ya que las billeteras empleadas por sus millones de usuarios para efectuar gastos y hacer compras, no están vinculadas a ningún tipo de información personal gracias a su cualidad criptográfica.
- **Transparente:** Todas y cada una de las transacciones realizadas dentro de la red Blockchain de Bitcoin, está resguardada en un Libro Público que se registra en la misma Blockchain y es abiertamente visible. Esto significa que todas las actividades dentro de la red son perceptibles, sin posibilidad de poder rastrear la propiedad individual de cada Bitcoin que poseen las personas dentro de la red.
- **Rápida:** Todas las operaciones efectuadas dentro de red Blockchain de Bitcoin, son susceptibles de resolverse en solo minutos, sin que sean limitantes los lugares en que se encuentren o ubiquen las partes participantes de la transacción en cuestión. Si comparamos una situación apremiante que sufren los servicios bancarios nacionales o internacionales con Bitcoin; veremos la extrema rapidez con la que cuenta Bitcoin, una ventaja considerable desde celeridad en la ejecución de sus acciones.
- **Irreversible:** Realizar un trámite sin vuelta atrás. Una vez

que los usuarios participan en el cierre de una operación dentro de la red Blockchain de Bitcoin, no hay manera de que esta sea revertida. Esta es una característica que puede ser considerada como arma de doble filo, y que debe ser utilizada con prudencia, precisión y cuidado. Su lado positivo reposa en el hecho de que podemos estar completamente seguros que cada Bitcoin que recibamos, no podrá ser devuelto a la persona que nos lo ha enviado, pero debemos ser prudentes y cautelosos al momento de nosotros enviar Bitcoins a la dirección precisa, se debe verificar que esta sea la correcta. Es aconsejable constatar que todos los datos se encuentren en orden antes de realizar cualquier tipo de operación.

Solo cuatro características que merecen especial observación y atención, al igual que el método científico y toda circunstancia de vida cotidiana: Observación. Mirar con atención y proceder con prudencia.

El respaldo único que tiene esta moneda está representado por los algoritmos tecnológicos, los cuales desde su creación han sido imposibles de penetrar, aunque el riesgo existe. Una gran cualidad de Bitcoin es que es una criptomoneda que bajo ninguna condición puede ser intervenida ni la posibilidad de ver congeladas las cuentas en esta moneda, además que se requiere dar datos de identidad al momento de hacer negociaciones con Bitcoins. Es bastante probable dar con una alta volatilidad de su precio, esto motivado a su cráter especulativo y su fluctuante movimiento de oferta y demanda

La red Blockchain de Bitcoin, como hemos visto es muy segura y confiable que goza de operatividad privada y garantizada, brindando discreción a sus usuarios, además de generar un crecimiento económico único e importante dentro del mercado de capitales. Dado su rango de ser una moneda digital descentralizada y que no puede ser falsificada, gracias a los excelentes mecanismos de defensa integrados dentro cada algoritmo que se utiliza en la misma red, incrementa su nivel de confianza.

Bitcoin es una moneda de durabilidad eterna. Si, como lo lees. Motivado a que un Bitcoin no existe en forma física, implica que jamás se podrá dañar, romper o alterar. Un Bitcoin puede mantenerse de forma permanente dentro de internet sin ningún tipo de problemas.

El misterioso creador del Bitcoin ¿Quién fue realmente Satoshi Nakamoto?

Satoshi Nakamoto nació en Japón el 5 de abril de 1975. Es un matemático y criptógrafo creador de la red de código abierto Bitcoin y la primera moneda digital Bitcoin. Posee un patrimonio de 1.000.000,00BTC de Bitcoins (58.823.000.000,00$ de dólares americanos calculados a abril de 2021), reconocido en el 2015 con el Premio a la Innovación por The Economist y propuesta de nominación al Premio Nobel de Economía en 2016 pero rechazada por parte de la Real Academia de Ciencias de Suecia, ya que, si el galardonado ha fallecido o es anónimo, no se otorga.

Para el año 2012, en su perfil de la Fundación P2P (Peer-To-Peer), Satoshi Nakamoto afirmó ser un hombre de 37 de edad, residenciado en Japón, sin especificar algún dato adicional sobre ciudad u otro dato geográfico. Muchos dudaron de sus palabras por utilizar un inglés impecable y por comprobar que su software de Bitcoin no figuraba etiquetado ni documentado en japonés.

En un minucioso trabajo desarrollado por el investigador Dan Kaminsky, quien analizó en profundidad la red de código abierto Bitcoin, se expresó que Satoshi Nakamoto podría no ser la persona que decía ser y quien se presentaría en su perfil P2P. Nakamoto podría tratarse de un grupo o equipo de trabajo conformado por programadores muy bien organizados. Todo ello mereció, por parte de Kaminsky; considerar a Nakamoto como todo un genio.

Un desarrollador que formó parte del equipo Bitcoin desde sus inicios, afirmó haber mantenido contacto constante con Nakamoto vía correo electrónico y consideró que su código comunicacional estaba muy bien desarrollado para creer que se comunicaba con una única persona.

Para muchos investigadores, dados a la tarea de tratar dar con la posibilidad de contactar la identidad de Satoshi Nakamoto, se sostiene la idea de que Nakamoto es oriundo de algún país perteneciente a la Commonwealth, por la utilización eventual de términos y gramática propia del inglés británico encontrado en su código fuente y en los mensajes de sus foros.

Una serie de datos investigativos e interesantes análisis aportados por el programador y miembro suizo de la comunidad, Stefan Thomas concluyen en que las horas de cada uno de los más de 500 mensajes publicados dentro del foro Bitcoin por parte de Nakamoto, mostraron en su gráfico resultante un importante descenso entre las 5:00 am y 11:00 am del Meridiano de Greenwich.

Esta secuencia se mantuvo invariable, incluso los fines de semana; esto permitió calcular a Thomas que el genio creador de Bitcoin se encontraría en horas normales de sueño, dormido en esos horarios. Considerando lo anterior y de ser Nakamoto una única persona, con hábitos de sueño convencionales, entonces se le podría encontrar en alguna región en la zona horaria UTC-5 o UTC-6; poblaciones de América del Norte en el Horario del Este de Norteamérica y Horario Estándar del Centro, en locaciones de América Central, Caribe y América del Sur.

Al margen de todo este conjunto de hipótesis, porque hasta el momento son sólo eso; hipótesis, existen infinidad de investigaciones que circulan en torno a la mente brillante del Bitcoin, su identidad y su ubicación en algún lugar del mundo. Reiteramos, se cree que Satoshi Nakamoto puede ser una persona o un grupo o comunidad de individuos que hacen vida profesional para la red Bitcoin.

Existen nombres reales de personas que forman parte de la red y que se presume alguna de ellas sea el verdadero Nakamoto:

- Nick Szabo
- Dorian Nakamoto
- Hal Finney
- Craig Steven Wright
- Vincent van Volkmer

Los expertos en criptomonedas e investigadores coinciden en un mismo argumento, y es que el trabajo de la red de código abierto de

Bitcoin está tan bien hecho, desarrollado, ejecutado y montado, que resultaría un tanto difícil atribuir todo el mérito al esfuerzo y fruto de una sola persona.

Una gran galería de nombres figura y ha desfilado señalando a posibles candidatos de ser el verdadero Nakamoto, muchos han sido descartados por su improbabilidad de serlo. Para el año 2011 Joshua Davis fijó su mirada sobre el sociólogo y economista finlandés Vili Lehdonvirta y el estudiante irlandés Michael Claro, lo cual reportó en un artículo, publicado en The New Yorker; sin embargo, ambos negaron tales atribuciones.

Para ese mismo año, Adam Penenberg, periodista de investigación, se refirió a Neal Rey, Vladimir Oksman y Charles Bry como los posibles creadores el Bitcoin, ya que en el año 2008 estas personas presentaron una patente que en uno de sus textos contenía la frase: "computacionalmente impracticable de revertir", misma expresión que también figuraría en el White Paper de Bitcoin, y a los tres días es registrado el dominio bitcoin.org. Sin embargo, todo esto no fue más simple casualidad, pues estos tres personajes negaron toda vinculación con la criptomoneda naciente.

Dos años más tarde, en mayo de 2013, Ted Nelson el pionero de internet, discurrió en un video que Shinichi Mochizuki podría ser Nakamoto, negando semejante afirmación pocos días después. Para ese mismo año, los matemáticos israelíes Adi Shamir y Dorit Ron, dieron con cierto vínculo entre Satoshi Nakamoto y Ross Ulbritch, reconocido creador del mercado de la Darknet Silk Road, siendo uno de los primeros en aceptar criptomonedas como medio de pago, quienes luego se retractaron de dichas afirmaciones.

El año 2015, Travis Patron, destacado investigador, insinuó al Premio Nobel de economía John Forbes Nash, dados sus altos conocimientos en el concepto del dinero, además de ser una mente brillante que compartía varios puntos de vista en común con Bitcoin. Más recientemente, el mes de noviembre del año 2017, comenzó a circular un rumor haciendo creer que el reconocido inventor y empresario Elon Musk, podría ser el verdadero creador del Bitcoin, pero este inmediatamente procedió a negar tal idea.

Lo mismo sucedió a principios del año 2018, el desarrollador nigeriano Mark Essien publicó una teoría de su propiedad alegando que Bram Cohen, el creador de BitTorrent si sería Satoshi Nakamoto, basado en evidencia circunstancial.

Algo que sí podemos afirmar con total seguridad es que, bajo el alias de Satoshi Nakamoto, una persona o un grupo de programadores, es el creador de Bitcoin, una verdadera transformación en el uso del dinero a partir del año 2009 con su nueva y primera moneda digital.

Con todas las investigaciones realizadas por más de 20 años para dar con la identidad de este emblemático personaje y todos los resultados fallidos, si podemos asegurar el crecimiento de una moneda digital que aún guarda en secreto para toda la sociedad mundial el nombre de su progenitor; mientras con un poco más de 100 millones de usuarios confían cada vez más en esta sólida moneda y su preponderante crecimiento como destacado recurso de valor.

Mientras siga en repunte la confianza hacia el Bitcoin, basado en su plataforma de avanzada, desde su propia red Blockchain, esta moneda permanecerá latente en el mercado criptográfico mundial, dando mayor garantía a las operaciones con real dinero electrónico. Podemos asegurar y reiterar que la confianza y la solidez de los proyectos es la base del éxito de esta imponente criptomoneda.

¿Qué son los Bitcoins?

Hemos visto conceptos, definiciones, características, detalles amplios y aspectos varios explicativos sobre los Bitcoins, los cuales nunca serán suficientes, más aún cuando se trata de este influyente elemento representativo de las nuevas economías.

Bitcoins es una moneda virtual o también un recurso electrónico de intercambio, válido y útil para adquirir productos, bienes y servicios como lo hacemos con cualquier otra moneda. Además, es una moneda descentralizada, no existe ninguna autoridad, banca o gobierno que suponga responsabilidad, control o autoridad sobre ella, maneje su emisión o represente alguna potestad en sus registros y movimientos. Cabe resaltar que Bitcoin consiste en una clave criptográfica íntimamente asociada a un monedero virtual, el cual debita y recibe pagos.

Este es un tipo de dinero netamente virtual, como si de billetes y monedas tradicionales en una versión online, se tratara, ya que con él se pueden comprar y pagar las mismas cosas; desde una taza de café hasta una mansión. Su popularidad ha crecido de tal manera, que ya son muchos los establecimientos, tiendas, empresas y comercios que lo aceptan como recurso de pago.

Una imagen ilustrativa de Bitcoin o como luce en forma física esta moneda, solo podrá ser visto en diseños gráficos para fotos o videos, ya que la moneda como tal no existe en formato cambiario palpable, son solo formatos que ayudan a tener una idea de cómo luciría o sería el Bitcoin. Existen muchos elementos de gran cuantía en el mundo como el oro, la plata y los diamantes. Quizás te preguntes por qué Bitcoin tiene tanto valor. Esto cada día vale más porque las personas están y siguen dispuestas a pagarlo y cambiarlo incluso por bienes y servicios, incluso por dinero real. Mientras esta moneda continúe siendo descentralizada y libre de ataduras externas, más serán los usuarios que se deseen incorporar y se sumen a su red.

Bitcoin es una moneda fuerte que ha experimentado alzas sorprendentes, sin embargo, también ha sufrido bajas importantes desde hace más de una década cuando fue creado. Críticos entendidos en la materia consideran que cambiar todo tu dinero real a Bitcoins no es del todo seguro, porque el riesgo al que se incursionaría podría ser tal vez demasiado alto. Sin embargo, esta criptomoneda sigue ganando cada vez más y más seguidores, se hace a favor de un público amplio, a pesar de años de escepticismo para muchos.

Día tras día Bitcoin se hace más fuerte y gana adeptos tan importantes y conocidos como Uber o Mastercard, el rapero Jay Z o el presidente de Twitter Jack Dorsey, y hasta Tesla, quien dio a conocer haber invertido 1.500 millones de dólares en la compra de Bitcoin y pronto comenzará a aceptar la criptomoneda como forma de pago en la venta de sus vehículos.

Bitcoin es una moneda de inestimable crecimiento e impacto financiero. Tenemos entonces que Bitcoin es una moneda digital o criptomoneda descentralizada que puede ser utilizada para intercambiar bienes y servicios en los lugares donde se acepte, tal como lo hacemos con cualquier otra moneda fiat de curso legal. El símbolo de Bitcoin es ฿ y su abreviatura BTC o XBT. Se trata de una moneda electrónica libre y la cual permite la transacción directa sin ningún tipo de intermediario o mediadores.

Recordemos que Bitcoin (₿, BTC, XBT) fue creada en el año 2009, junto con el software que lo sustenta por quien se hace llamar Satoshi Nakamoto, actualmente un posible individuo o grupo de personas ¿?. Al día de hoy esto continúa siendo un misterio, ya que desconoce realmente quién está detrás de ese nombre, si una persona o institución. Los Bitcoins se crean gracias a un proceso conocido como minería de Bitcoin.

¿Cuál es el objetivo de Bitcoin?

Antes de entrar en los aspectos básicos que indiquen cuál o cuáles son los objetivos de Bitcoin, refresquemos un poco de qué manera y como funciona el dinero, así será mucho más sencillo comprender el por qué de la existencia de esta criptomoneda.

Al aceptar realizar un determinado trabajo, estarás admitiendo alguna condición propuesta por parte de la otra persona, quien te ha ofrecido determinada suma de dinero a cambio de ello. Aquí el dinero estará representando el trabajo que hemos acordado hacerle a esta persona.

Este dinero lo utilizarás en la compra de productos que desees adquirir, con lo cual estarás pagando en una tienda con el dinero que recibiste por tu trabajo, de esta manera ese dinero seguirá sucesivamente en movimiento y cambiando de manos con frecuencia. Es dinero tradicional emitido por el gobierno que manejarás de forma física o a través de tarjetas y también transferencias, se trata de la moneda oficial de curso legal.

Comprendiendo el punto, veamos un aspecto delicado y fuerte que le toca vivir a estas monedas; su debilidad ante la falsificación, a pesar de los grandes esfuerzos y tareas de concepción que dedican los gobiernos en producir dinero con un papel moneda difícil de replicar o tal vez imposible de duplicar, además de confiar en la banca y sus plataformas de pago disponibles digitalmente, ante todo ello; nuestro sistema económico y financiero depende en su totalidad de terceros.

Pues bien, nada de esto sucede con la figura de las criptomonedas, cuya filosofía es completamente diferente y no tiene dependencia frente a ninguna autoridad para su creación, administración y manejo. El costo del sistema tradicional bancario es demasiado alto, sobre todo cuando se realizan operaciones internacionales, existen gobiernos que no paran en la impresión de dinero, tal es el caso de Venezuela; lo que simplemente produce mayor inflación y alteración de datos, depender de estos entes resulta costoso para la sociedad. Una criptomoneda como Bitcoin tiene en sus objetivos, eliminar esos gastos. Pero no se trata solo de gastos, compras y ventas.

En los años de existencia de Bitcoin hemos podido presenciar su expansión y crecimiento en valor como tal una criptomoneda, sin embargo, no ha sido fácil lograr captar en la comunidad general la atención necesaria para entender la utilidad de su tecnología y los objetivos perseguidos.

- **Educar al usuario y a la comunidad en general:** Esta es la tarea principal que tiene Bitcoin como criptomoneda que aparece disponible en la red. Fomentar una formación amplia sobre sus beneficios, ventajas y debilidades. Mantener al prospecto interesado en formar parte de la red sobre cómo funciona y qué oportunidades ofrece la criptomoneda en el ámbito económico dentro un muy bien resguardado sistema digital.
- **Orientar a quien desea formar parte de la comunidad:** Brindando información sobre las posibilidades ofrecidas por Bitcoin como moneda digital descentralizada, aportando orientaciones para quien ya tiene experiencia en el campo o para quien desee iniciarse, recibiendo cierta información específica.
- **Ofrecer avance tecnológico:** Bitcoin cuenta con una plataforma segura y confiable. Su soporte tecnológico de altura lo hace prácticamente impenetrable, lo cual es garantía de confianza en su comunidad.
- **Adopción empresarial:** Buscar alcanzar mayor importancia económica en la medida que se constituya como parte del marco comercial y empresarial. Por más que su valor vaya en aumento, Bitcoin busca las estrategias que le permitan ocupar un espacio en el ámbito comercial. Entre los objetivos de Bitcoin, este se relaciona estrechamente con las conocidas "altcoins", las monedas alternativas encargadas de ofrecer

soluciones a los problemas comerciales derivados de esta cuarta revolución industrial. En este punto Bitcoin busca ocupar su lugar como núcleo en este novel mercado, en el que gran parte de la actividad es digital y automatizada.

- **Aumentar la interoperabilidad:** Uno de sus objetivos prioritarios que deberá recibir especial atención en lo sucesivo, es ensanchar su presencia en las redes, ya que entre ellas persiste muy poca comunicación y esto podría redundar incluso en la pérdida injustificada de dinero por causa de errores fáciles de corregir. Toda red es independiente de otra y posee sus propias características y particularidades. Sin embargo, el surgimiento de actualizaciones nuevas puede facilitar mucho más las operaciones y conectividad entre redes. De esta manera será posible y garantizada la creación de un ambiente comercial favorable que permita obtener mayor versatilidad para el uso monetario de los muy variados criptoactivos.

- **Creación de servicios:** Fundar en un futuro inmediato todo un entorno de servicios alrededor de la tecnología. Servicios de almacenaje, de seguros, aplicaciones móviles sencillas, centros de soporte para dar apoyo tecnológico a nuevos comercios en su adaptación, entre otros. Creaciones que harían y considerarían a Bitcoin como un activo de referencia en el sistema económico actual.

Empresas y entidades financieras comenzarían a fomentar el uso de productos y servicios relacionados con el cripto, dada la tendencia de ver a las criptomonedas como un medio para hacer trading o de ganar más dinero. Sin duda alguna Bitcoin y las demás monedas digitales son un excelente recurso para generar ingresos, pero están obligadas a darse más valor por su facultad en ofrecer soluciones empresariales que por las posibilidades como activo mercantil dado a la especulación.

- **Uso fácil y amigable:** Día a día es más fácil y sencillo ingresar a Bitcoin e invertir en él, al igual que con cualquier otra criptomoneda, sin embargo, hay un camino bastante largo y provechoso por recorrer en torno a la usabilidad. Existen en el mercado numerosas plataformas intuitivas en las cuales, las personas interesadas pueden adquirir, intercambiar y comercializar con Bitcoin; sin embargo, siguen siendo necesarios determinados conocimientos técnicos que permitan y garanticen un correcto uso de la herramienta y este tipo de monedas digitales. Esto y más puede ser logrado facilitando una adopción masiva de la tecnología, mediante el surgimiento de nuevas aplicaciones y empresas que hagan verdaderamente fácil la aceptación de criptomonedas en su propio negocio con la posibilidad de almacenarlas y asegurarlas.

Los objetivos básicos de Bitcoin pasan a hacer de las criptomonedas y su tecnología Blockchain, un bien a favor de toda la humanidad. Gran parte de la sociedad aún no se encuentra preparada ni lista para hacer frente a la próxima revolución industrial desde un punto de vista ideológico e intelectual. A la par con todas las revoluciones industriales pasadas, habrá sus detractores y un gran número de personas cerradas a los cambios y nuevas tendencias tecnológicas y profesionales. Al respecto la orientación, educación y apoyo por parte de organizaciones es imprescindible y fundamental. Los grandes avances de la tecnología siempre logran imponerse gracias a su utilidad demostrada y comprobada por un pequeño grupo de usuarios a quienes también se le debe mérito por reconocer y permitirse dar un paso al frente, de cara a los cambios que surgen en la sociedad.

¿Cómo funciona Bitcoin?

Bitcoin es una criptomoneda que funciona por medio de monederos digitales, los cuales utilizan una clave privada que permite el acceso y ejecución de todos sus aplicativos. Los pagos y demás transacciones se realizan desde su plataforma a través de internet y mediante un sistema de protección criptográfico, amparado por la red Blockchain.

. . .

Para lograr operar y poder manejar de forma efectiva con Bitcoin, basta con descargar alguna de las aplicaciones disponibles ofrecidas en cualquier sistema operativo de escritorio o móvil. Este puede ser iOS o Android (MultiBit o Bitcoin Wallet).

Una vez descargada la aplicación, podrás crear tu monedero para Bitcoin que, en pocas palabras; consta de una clave privada en conjunción con una clave pública, la cual te permitirá realizar tus operaciones. Gracias a estas claves, los Bitcoins no pueden ser falsificados, garantizando así la legitimidad, seguridad y protección de todas las operaciones realizadas entre sus usuarios.

El sistema de criptomonedas Bitcoin utiliza una llave pública criptográfica para su acceso. Una moneda posee la llave pública del propietario. Al momento de realizar la transferencia de una moneda desde el usuario A al usuario B, A incluye la llave pública de B a la moneda que posteriormente será firmada con la llave privada de A. Acto seguido, el usuario B ya cuenta con la moneda acreditada a su favor la cual podrá transferir en el momento que lo desee. Una vez que el usuario A efectúa la operación, no podrá volver a recibir la misma moneda que recién ha transferido, ya que la red mantiene un registro mediante lista pública de manera colectiva con todas las operaciones que son efectuadas.

Con el inmenso número de usuarios registrados, cerca de 1000 millones de personas, Bitcoin se ha convertido en la criptomoneda más utilizada a nivel mundial actualmente. Bitcoin permite reducir montos que por lo general representan grandes cantidades al momento de realizar operaciones sustanciosas.

Al iniciar sesión puedes visualizar tu saldo o estado de cuenta, con la posibilidad de disponer del mismo, transfiriendo Bitcoin a otra cuenta solo con los datos que sean solicitados. Bitcoin realiza toda su actividad de forma rápida, segura y protegida en forma directa e inmediata entre las carpetas digitales de los usuarios participantes de la negociación, verificadas a través de la red Blockchain; considerando la veracidad de las firmas digitales con claves correspondientes demostrando la autenticidad de los propietarios de las carteras.

A través de Blockchain, Bitcoin realiza un registro público descentralizado. Es decir, que determinado número de transacciones forma una unidad de base de datos conocida con el nombre de "Bloques". Cada uno de estos bloques tiene la posibilidad de almacenar información proveniente del bloque anterior, así como cada transacción recopila información acerca de su transacción precedente. De esta forma, la cadena de bloques proporciona una transparencia total de todos sus pagos y movimientos.

El ecosistema Bitcoin

Blockchain es el ecosistema para Bitcoin. Palabra que hemos mencionado cerca veinte veces y que no hemos explicado en detalle. Cuando hablamos de ecosistema, nos viene a la mente de inmediato un sistema biológico constituido por organismos vivos que habitan y conviven en un mismo espacio físico. Algo similar es el ambiente de convivencia para una estructura digital que requiere su lugar de asiento y de convivencia, su hogar o centro de operaciones.

Al hablar de un ecosistema de cadena de bloques, hacemos referencia a las partes que conforman el todo y cómo esas partes interactúan entre sí y a su vez con su mundo exterior.

El ecosistema Bitcoin, caso de nuestro interés; se reduce a cuatro partes importantes:

- Usuarios: Quienes reciben y envían pagos.
- Mineros: Quienes generan las criptomonedas.
- Inversores: Quienes las compran.
- Desarrolladores: Quienes supervisan y sustentan todo lo anterior.

Ninguna de las partes que constituyen la ecuación podría funcionar sin que las otras estén allí también, juntas todas en esta importante comunidad de soporte. En todo caso, una valiosa serie de componentes deben funcionar de forma adecuada y apropiada; en una sola palabra, debe funcionar bien para mantener operativo un proyecto de Blockchain.

Blockchain es la base tecnológica en la cual se soporta el proceso de minado y cotizaciones de Bitcoin, un procesamiento que permite a los usuarios de esta criptomoneda la realización de pagos y operaciones de forma encriptada y autenticada en una base de datos distribuida.

Cualquier tema relacionado con Bitcoin estará estrechamente relacionado y unido a Blockchain, siendo esta la tecnología en la cual se da soporte a la criptomoneda. En conclusión, es una gran base de datos distribuida en múltiples servidores alrededor del mundo que reúne todas las transacciones que se producen con Bitcoin. Todas y cada una de estas operaciones encriptadas y autenticadas, se adicionan a la cadena de bloques mejor conocida como Blockchain y en la que se asienta Bitcoin, proceso imposible de realizar sin los APIs, un conjunto de comandos, funciones y protocolos informáticos que le permiten a los desarrolladores crear programas específicos para ciertos y determinados sistemas operativos.

Un valor agregado y de excelsa impedancia orgánica es el interés que día a día despierta en los desarrolladores, la tecnología Bitcoin, si hacemos la comparación con plataformas u otros sistemas de pago online como PayPal. En los actuales momentos existen incorporados en la plataforma de desarrollo colaborativo GitHub cerca de 3.200 repositorios relacionados con PayPal, en comparación a los vinculados con Bitcoin los cuales suman más de 8.000 repositorios.

Todo el proceso de operaciones, trámites, recepción, emisión de pagos con monederos virtuales o gestión de datos es posible gracias a la existencia de una interfaz de desarrollo para aplicaciones por cada una de sus funciones. Blockchain cuenta con varias APIs para diferentes funcionalidades. Sin ellas o con ausencia de algunas de ellas simplemente sería imposible realizar ningún tipo de actividad u operaciones con Bitcoin en el mundo.

El sistema tecnológico *Blockchain* permite la ejecución de transacciones de valor entre usuarios sin la necesidad de intervención de terceros o intermediarios en ningún momento del proceso, es decir, la gestión de las transacciones totalmente descentraliza y le entrega a todos sus miembros un mismo libro de registro o lo que es igual, una base de datos descentralizada (*distributed ledger*).

Las transacciones pueden ser en monedas digitales (criptomonedas) o bajo cualquier otra modalidad: (bienes, información, servicios, etc.) y se desarrollan sobre plataformas en las que sus nodos se comunican mediante redes de pares iguales (Peer-To-Peer) a través de conexiones vía Internet.

El *Blockchain* ofrece una representación o registro dinámico e inalterable de sus operaciones a lo largo del tiempo que sustituye a intermediarios y autoridades centralizadas de confianza como gestores, bancos, notarios, aseguradoras, etc. que respalden las transacciones por la confianza digital que los usuarios tienen puesta en esta tecnología de avanzada y gran nivel.

La cadena de bloques o *Blockchain* ofrece a todos sus participantes transparencia total tras un protocolo confiable (todos los usuarios tienen acceso a la totalidad de la información almacenada en la base de datos distribuida), compartición y descentralización, o lo que es igual; un mismo duplicado de la base de datos en todos los nodos.

La cadena de bloques es irreversibilidad, esto significa que, una vez registrado un dato, no puede ser alterado ni borrado. Desintermediación, sin árbitro central que supervise los movimientos. Los participantes toman sus decisiones con total y libre consenso o determinación. La cadena de bloques vincula toda la serie de transacciones e incorpora una "marca de tiempo" que da claridad y trazabilidad a los procedimientos sin por ello transgredir *a priori* la privacidad de los usuarios. Hay facilidad para tener conocimiento del camino y el contenido, pero no siempre es factible inferir en la identidad del usuario.

Los participantes tienen la oportunidad de adoptar tres roles: usuarios con el derecho abierto para consultar una copia de la base de datos compartida (accessors), participantes con la libertad de realizar transacciones (Participantes) y usuarios encargados de validar y confirmar las operaciones y crear bloques (Minero). Todos con la posibilidad de una copia validada y única de la base de datos.

Algunas APIs dentro del ecosistema Bitcoin:

- **Receive Payments API:** En su versión 2 de esta interfaz está disponible desde el 1 de enero de 2016. De una manera sencilla permite a una empresa o negocio comenzar a aceptar pagos automatizados en Bitcoin. La API se basa en peticiones HTTP GET y tiene como objetivo principal la creación de una dirección única por cada usuario y por cada emisión de factura en cada operación con Bitcoin. Condición imprescindible para una buena y garantizada praxis.

- **Blockchain Wallet API:** A partir del 1 de enero de 2019 es necesario instalar un servidor local para la gestión del monedero virtual y así dar uso a esta API. Una base de llamadas HTTP, POST o GET es el método de comunicación por ella utilizada. El proceso mediante el cual se crea un monedero virtual recibe el nombre de *create_wallet*. Cada monedero creado está vinculado a una contraseña con una longitud mínima de 10 caracteres, un código de autenticidad de la API, una clave privada por usuario, una carpeta donde se creó dicho monedero y una dirección de correo electrónico.

- **JSON RPC API:** Activada desde marzo de 2016. La sugerencia universal encomendada a todos los usuarios de Bitcoin es utilizar la novedosa Blockchain Wallet API, muy a pesar de que las llamadas de la interfaz están basadas en RPC, esta sigue siendo afín con el pasado protocolo Bitcoin RPC para generar interacción con los monederos virtuales. La API puede ser instalada y utilizada a partir de librerías en una amplia gama de lenguajes de programación: Sintaxis como Python, Ruby, PHP, Node.js y .NET.

Otras APIs:

- Blockchain Data API
- Query API
- WebSocket API
- Exchange Rates API
- Chars & Statistics API

Quien desee está en libertad y disposición de utilizar Bitcoin, lo fundamental y necesario es la instalación de un monedero virtual en un dispositivo. No se precisa gozar de excesivos conocimientos y dominio pleno de aspectos técnicos y tecnológicos para iniciarse en el uso de esta preciada criptomoneda, ya que funciona al igual que otra moneda digital y procesamiento de pago online.

Conviene tener muy en cuenta que cada transacción hecha por el usuario a través de Bitcoin, luego de verificada, es añadida a la cadena de bloques o Blockchain, a partir de entonces el usuario comenzará a formar parte de un registro de contabilidad compartida por los demás usuarios.

Una constitución de elementos y recursos en interacción plena y constante, conforman el fascinante ecosistema Bitcoin desde Blockchain, garantizando funcionalidad excepcional, segura, puntual y universal, llegando a cualquier usuario a nivel global con total garantía y protección.

Minería de Bitcoin

Bitcoin es una red de computadoras conectadas todas entres sí. Es una red de topología plana, esto significa que todas las computadoras entrelazadas, actúan con el mismo nivel de importancia, aunque es probable que pueda existir alguna que otra diferencia entre ellas.

Todas estas computadoras conectadas en red y en ese mismo esquema jerárquico, realizan a la par el mismo tipo de operaciones, algo tan simple, como propagar entre ellas las transacciones que el propio nodo (*en el contexto Bitcoin se refiere normalmente a un ordenador que tiene descargado el software Bitcoin-QT o Bitcoin Core para participar en la red entre pares*), u otros nodos generen y así cualquier otra comunicación más.

Todas estas computadoras son de forma simultánea y al mismo tiempo cliente y servidor, realizando solicitudes o peticiones, de la misma manera cuando visitamos una página web, dando instantáneamente y en conjunto, respuesta a las peticiones recibidas. Algo así como cuando buscar visitar bitcoin.org y su servidor te envía su página. Esto quiere decir que los computadores de Bitcoin se comunican entre sí 24/7 y "hablan" constantemente siguiendo las reglas del protocolo Bitcoin.

La Minería de Bitcoin está diseñada con la firme intención de ser en sí misma un recurso intensivo y de dificultad, de tal manera que el número de bloques que reciben los mineros permanece intacto e inalterable. Todos y cada uno de estos bloques individuales deben contener una Prueba de Trabajo para que sea calificado y considerado como válido. Esta Prueba de Trabajo es verificada y confirmada por otros nodos de Bitcoin cada vez que es recibido un nuevo bloque. Bitcoin se respalda en el uso de HashCash como función principal de Prueba de Trabajo.

La minería de Bitcoin tiene como propósito principal, permitir que sus nodos logren alcanzar la forma de llegar a un consenso seguro y resistente a la manipulación. La minería es también el mecanismo propio utilizado para introducir Bitcoins en el sistema. Los mineros reciben como paga por sus honorarios de transacción algo así como un "subsidio" de monedas de nueva creación.

Se le llama minería a este proceso de Bitcoin, por su semejanza a la extracción de otros productos básicos, lo cual requiere esfuerzo para lentamente obtener una nueva moneda la cual estará disponible a un precio que se asemejará a la velocidad con que las materias primas son extraídas, tal como por ejemplo el oro se extrae de la tierra.

Dentro del sistema Blockchain, los encargados de generar nuevos bloques son los mineros, quienes los añaden al final de cada cadena. Y según está establecido en los protocolos de Bitcoin, deben realizar este procedimiento cada 10 minutos en promedio. Cada uno de los bloques minado contiene un registro pormenorizado de diferentes transacciones realizadas en cada periodo de tiempo sugerido. Una vez añadidos al final de la Blockchain, actualizan su registro. Como se puede ilustrar, es un proceso continuo e indetenible.

Proceso de minado de bloques

Para producir o crear un nuevo bloque, los mineros encargados de tal actividad deben dar solución a importantes dificultades matemáticas. Al dar con el resultado efectivo válido para la red, se da por minado un bloque nuevo. Esta recompensa es reconocida como "La Recompensa del Bloque".

Cada 10 minutos aproximadamente es creado un nuevo bloque en Bitcoin. Por lo que a cada momento que es hallado uno, se inicia el minado para otro bloque, dado que estos están conectados matemáticamente o concatenados entre sí.

- **Transacción:**

El proceso de minado que dará origen a un nuevo bloque se inicia al momento en el que un usuario decide enviar un monto estimado en criptomonedas a otro usuario. Para ello, envía la transacción en cuestión con todos sus datos desde la wallet, mientras aguarda el tiempo de respuesta necesario para que la red trámite y de por aprobada la operación. En ese bloque permanecerán mientras llega el momento de ser minado el próximo donde se podrán incluir y validar.

- **Compilación:**

Las transacciones que se mantienen diferidas o bajo estatus pendiente en la red, serán seleccionadas para luego conformar grupos en un bloque de transacciones por parte de los nodos mineros. Existe, y está dada la posibilidad de que distintos mineros tengan en su poder las mismas operaciones al mismo tiempo, pero estas estarán sin confirmación ni aprobación hasta que sea minado el siguiente bloque.

- **Formación:**

Las transacciones incluidas para conformar y luego minar un nuevo bloque, son seleccionadas de forma personal por cada minero. En dado caso que existan transacciones que hayan sido validadas y ya incluidas en un nuevo bloque, serían eliminadas de este otro. Al nuevo bloque se lo conoce con el nombre de candidato, pues no ha sido aprobado por no disponer de la validez de una prueba de trabajo.

Al momento de formarse un nuevo bloque, es imperativo incluir en él un encabezado que deberá contener el hash del bloque precedente, la raíz de Merkle y los datos e información requerida para la competencia minera. Es decir, necesita incluir la marca de tiempo, el propósito del algoritmo de PoW para el bloque, versión de software y el nonce.

- **Prueba de trabajo:**

Para cada bloque que haya sido conformado por su respectivo minero, se deberá buscar una firma válida, esta es la llamada prueba de trabajo. Cada bloque formado en particular pasa por un proceso de cálculo matemático que es realizado por su respectivo minero. Con lo cual, si el procedimiento es el mismo, el resultado será completamente diferente y único para cada bloque. Hay mucho poder computacional en este complejo proceso de cálculo, generando un consumo excesivo de energía eléctrica que dependerá proporcionalmente de la dificultad del sistema para su momento de minado.

Cada minero busca su solución, esta solución recibe el nombre de hash. Es una función compleja de encontrar, sin embargo; una vez encontrada es bastante sencillo de verificar a través de los otros nodos. De esta manera se podrá comprobar que el hash de salida cumple con todas las condiciones instituidas por el sistema.

Lograr encontrar un hash de salida resulta en un trabajo arduo y repetitivo de cálculos matemáticos realizado por parte de los mineros, una y otra vez a través de un nonce, un número de carácter aleatorio utilizado y que es cambiado frecuentemente hasta que es encontrada la firma o hash de salida válido según la condición del caso. No existe manera alguna de predecir cual nonce dará resolución al problema, con lo cual deben ser empleados tantos y todos lo que sean necesarios. Esta situación es para miles de millones de valores.

En el caso de la red Bitcoin, su sistema estipula que cada hash de salida debe contener en su estructura un número determinado de ceros al inicio del mismo.

- **Transmisión:**

Una vez que el nodo minero consigue dar con un hash de salida válido a favor de un bloque, este es transmitido unido a la firma con los demás nodos de la red para que todos logren ser validados.

Actualmente y mientras no hayan sido emitidos, como se ha dicho; 21 millones de Bitcoins, cada minero recibe su recompensa que la establece el minado, colocando nuevos Bitcoins en circulación. Todo esto queda registrado en sus propios nodos, los demás nodos de la red lo harán en el siguiente paso.

Todos los mineros recibirán las respectivas comisiones de minado que los usuarios de Bitcoin hayan colocado en sus operaciones que configuren el bloque; indistintamente de que se hayan emitido o no todos los Bitcoins.

- **Verificación:**

El restante de los nodos de la red serán los encargados de verificar y validar que tanto el bloque como el hash, cumplan con todas las condiciones del sistema, corroborando su legitimidad y comprobando si en efecto contiene la cantidad que está establecida por la red.

En la verificación también se ratifica la Prueba de Trabajo, esto se traduce en que el poder computacional consumido para hallar la solución, da crédito al minero que descubrió el bloque quien indudablemente podrá hacer uso libre de los Bitcoins recién recibidos.

- **Confirmación:**

Una vez que el nuevo bloque es cargado a la blockchain, los siguientes bloques que sean incluidos sobre este serán considerados como confirmados. En este caso podríamos llegar a tener presente la posibilidad de que cada minero, al iniciar el proceso con un bloque de su propiedad; puede continuar con el proceso de minado. Pues no es así. Cuando se genera un nuevo bloque, los nodos mineros están estructurados para iniciar el proceso conformando un bloque de transacciones nuevo. No es factible continuar minando a partir de un bloque anteriormente formado, motivado a que cada bloque debe recibir el hash que corresponde al bloque que le precede.

Es por ello que la tecnología es conocida como cadena de bloques de blockchain. Así, cuando el minero logre conseguir el hash válido requerido, con seguridad se han podido haber minado otro conjunto de bloques nuevos. De esta forma, el hash de salida de su bloque ya extraído no podrá coincidir con el hash de salida del último bloque que fue añadido a la cadena, este sería rechazado. Además, resultará bastante probable que las transacciones o la mayoría de ellas, contenidas en el bloque en cuestión, hayan sido añadidas a otros. Inclusive, si se logra minar el bloque, la mayoría de sus operaciones serán rechazadas e invalidadas.

- **Bitcoin en la Práctica**

Esta criptomoneda aparece como un recurso confiable para el pago de productos, servicios y bienes sin la participación de terceros. La posibilidad de adquirir Bitcoins puede resultar práctica y sencilla, siendo su aceptación por parte de establecimientos comerciales, negocios y tiendas físicas; cada vez más amplia.

La primera operación o transacción reconocida, que constituyó el primer gran valor para la naciente Bitcoin fue la compra de un par de pizzas en la cadena Papa John's. En esa negociación digital fueron transferidos 10.000BTC, los cuales representaron en dinero fiduciario la cantidad de 30$USD. El voto de confianza puesto por esta cadena de alimentos y el interés de Laszlo Haynek por utilizar su monedero digital de Bitcoin, invitaron a un número incalculable de tiendas físicas y digitales a formar parte de esta experiencia en la red.

- **Viajes, Turismo, Ocio y Tiempo Libre**

Si estás pensando en viajar, te encuentras planificando tus próximas vacaciones, deseas tomar un crucero o revivir tu inolvidable Luna de Miel, pagando con tus Bitcoins, a continuación te presentamos una lista de especialistas en turismo, dispuestos a hacer realidad tu sueño… ¡Usar tus criptomonedas!

- **Destinia:** Empresa española de Viajes y Turismo que ofrece paquetes, alojamientos, servicios aéreos, cruceros y escapadas; acepta pagos en Bitcoin y Bitcoin Cash
- **13Tickets:** Venta de boletos para todo tipo de eventos y que logró un convenio con el Real Madrid para ofrecer a los visitantes, los tickets para un recorrido por el Santiago Bernabeu, pagando por medio de Bitcoins.
- **Virgin Galactic:** Si tu ilusión de viaje en estas nuevas vacaciones es vivir una experiencia extrema y alcanzar

alturas más allá de un vuelo normal, Virgin Galactic es la respuesta. Llega a la atmósfera y haz tus pagos en la red usando Bitcoins.

- **CheapAir:** Empresa dedicada a la promoción, reserva y venta a través de internet de servicios aéreos, alquiler de vehículos y reserva de hoteles alrededor del mundo, pone a disposición de sus clientes su actualizada plataforma de pagos a través de Bitcoin.
- **Atom Travel:** Mayorista de turismo con más de 30 años de experiencia en la industria, ofrece diseño, planificación de desarrollo de servicios turísticos a todo nivel, contando con los mejores corresponsales regionales en hotelería, vehículos, cruceros, parques y vuelos, cuenta con su propia plataforma de cobros en Bitcoins.

Videojuegos

Para los aficionados a juegos de video y quienes deseen tener en sus ordenadores y dispositivos de distracción digital, muchas empresas dedicadas a este rubro ponen a disposición de sus seguros clientes a través de la web, una amplia variedad de juegos que pueden ser adquiridos mediante pago bajo la plataforma de Bitcoin.

Cabe destacar que la empresa más grande del mundo para este mercado, Valve; dejó de operar con pagos mediante Bitcoin en su plataforma Steam, a causa de las variaciones de la criptomoneda y el incremento de las comisiones; asegurando que en un futuro cercano retomaran el sistema de pago, el cual calificaron de efectivo, seguro, rápido y puntual. Sin embargo existen cientos de compañías que hoy por hoy utilizan esta modalidad de facturación:

- **Steam:** Una plataforma virtual para juegos en línea que cuenta con millones de usuarios inscritos, impulsa el Bitcoin como una de sus criptomonedas aceptadas.
- **Joltfun**: A través de las webs de esta reconocida empresa es

fácil, rápido y sencillo utilizar tu monedero virtual Bitcoin para comprar los juegos de tu preferencia.

- **G2A:** Tienda digital para venta de videojuegos a través de códigos multiplataforma, que figura en la lista de las más importantes del mundo, cuenta entre sus modalidades de pago; operaciones con Bitcoin.
- **Bitrefill**: La web de esta empresa es una gran oportunidad para los aficionados a los videojuegos, ya que te ofrece comprar tarjetas y abonar saldo en tiendas de juegos electrónicos y así, acceder a estos de manera sencilla y práctica. Adicional a ello, Bitrefill brinda a sus clientes soporte técnico para pagos instantáneos utilizando Lightning Network.
- **Instant-Gaming:** Especializada en las ventas de códigos para juegos electrónicos para diversidad de plataformas, admite el Bitcoin como uno de sus formatos de cobro.

Informática y electrónica:

Dentro de los múltiples sectores productivos de la economía mundial que han depositado gran confianza en el mercado y tecnologías digitales, dando posición sobresaliente y preponderante a los sistemas de facturación mediante Bitcoins y que lo hace figurar en un puesto de gran relevancia; es la industria informática y electrónica, considerando sus grandes dinámicas, variantes constantes y tecnologías novedosas. Pareciera que ambas, la industria informática y las criptomonedas; viajaran de la mano.

A continuación, una breve lista de aquellas empresas asociadas al sistema de pagos con Bitcoin.

- Microsoft: A pesar de que la modalidad de pago con Bitcoins no está disponible en el mundo entero, para Estados Unidos esta empresa abre las puertas a los pagos con esta criptomoneda, por medio de la cual pueden ser compradas varias licencias, equipos, membresías y otros servicios.

- Hostinger: Website que promociona, ofrece y provee servicios para la compra de hosting, dominios y los servidores virtuales más reconocidos del mundo; opera pagos con Bitcoin en sus plataformas de facturación.
- ExpressVPN: Empresa especializada en la venta de servicios VPN para más y mayor privacidad en internet para usuarios que buscan mantener su presencia en reserva a través de la web; adquieren sus servicios pagándolos también en la modalidad de Bitcoin.
- WordPress: La plataforma de blogs más grande en el mundo es una de las que se suma a esta forma criptográfica de compra y venta.
- Namecheap: Empresa especializada en servicios de hosting web, digitales y de ciberseguridad, nombres para dominios (DNS) y otros servicios, con trayectoria amplia y reconocida, vio en esta criptomoneda; una oportunidad para ampliar su rango de acción.

Así pues, la lista es excesivamente amplia para detallar todas y cada una de las áreas comerciales y de producción como industrias, empresas y organizaciones de salud, prevención, producción de alimentos, manufactura, servicios inmobiliarios, comunicaciones, transporte, etc., que han incorporado en sus plataformas de compra y venta el sistema seguro y garantizado de Bitcoin como una herramienta y recurso importante con prestigio facilitadora en sus transacciones. No cabe duda que todo lo anteriormente expuesto, totalmente comprobable, representa para la criptomoneda Bitcoin, una maravillosa carta de presentación para su crecimiento y expansión.

Transacciones:

Envío o traslado de fondos económicos o valor entre dos partes. Para Bitcoin estas operaciones representan registros que serán almacenados en su sistema Blockchain. Las transacciones representan una manera segura y sencilla de utilizar dinero digital bajo diversas plataformas, los pagos electrónicos conforman un completo para la economía moderna.

El ambiente donde se da cabida al movimiento y funcionamiento efectivo de las criptomonedas, está en las transacciones, las cuales representan el núcleo operativo del sistema para pagos digitales; abriendo el abanico de opciones para utilizar dinero rápido, fácil y seguro en operaciones confiables.

Las transacciones con Bitcoin son seguras, están protegidas y brinda confianza; contando con una estructura tecnológica avanzada y ofreciendo monitoreo además de formación y educación a sus usuarios o suscriptores. El transporte electrónico del dinero digital a través de Bitcoin forma parte de una actividad minuciosamente atendida con mucho tacto, para dar tranquilidad y brindar respaldo en todo momento.

En Bitcoin, las transacciones se traducen como el envío de cripto-monedas entre dos personas a través de la red, y como ya se ha dicho; sus registros quedan archivados o guardados en la Blockchain, cadena de bloques. Ahora bien, para poder contar con la opción de realizar una transacción, debe existir un recurso que permita la misma; nos referimos entonces a un monedero digital o wallet, desde el cual podremos administrar y manejar nuestros fondos o criptomonedas. Los monederos digitales o wallets, son elementos de software que faci-litan la transferencia de fondos que tendrá su origen en la Blockchain o cadena de bloques.

Una transacción de Bitcoin cumple con cierto y determinado protocolo, mediante un minucioso proceso tecnológico conformado por elementos garante de seguridad, protección y garantía de efec-tividad.

- **Entradas**: Las entradas o *inputs* son referencias básicas que representan una transacción pasada que no ha sido procesada en otra. Las entradas facilitan la comprobación y ratificación de la procedencia de dichos fondos a ser utilizados en una futura transacción. Allí, en las entradas; figura la dirección de proveniencia de Bitcoins.
- **Salidas**: Las salidas u *outputs* son las que poseen la información básica de dirección de envío y cantidad que fue transferida. De igual forma en ellas están almacenadas todas las direcciones de retorno o cambio hacia donde se envían

las vueltas de dichas transacciones, considerando que en una sola transacción podrán existir varias salidas.

- **Identificador**: El identificador o *TXid*, es único y no se repite, ya que es este el que permite dar personalidad propia y exclusiva a una transacción en particular dentro del sistema de blockchain. Es a lo que llamamos, el propio hash a cada operación.
- **Tarifa de comisión**: La tarifa de comisión (fee), es el pago por honorarios o servicios que recibe un minero tras procesar una transacción. Por cada bloque que sea generado por un minero, Bitcoin también generará una comisión o pago a favor del minero, toda esta movida por cada transacción tramitada satisfactoriamente del bloque creado.

El minero que haya generado un nuevo bloque tras una transacción concluida, no recibe la comisión de forma explícita ni se conjuga con alguna salida, esto así; porque no se sabe quién será el minero beneficiado con tal fee. Bitcoin dejará una cantidad específica sin mancomunar a ninguna salida, la cual se interpretará como comisión para los mineros.

Las ventajas de realizar transacciones con Bitcoin se traducen en:

- **Rapidez:** Comparada con el sistema financiero tradicional; el cual tras horas de trámite o incluso días, daría a sus usuarios una respuesta; con Bitcoin este proceso es inmediato y más económico.
- **Irreversibilidad:** Pues una vez que una transacción es efectuada y añadida a la cadena de bloques, es prácticamente imposible revertirla. Sumado a ello, después de realizar una transacción no hay forma de cancelar o reembolsar, lo cual representa ventaja para varios sectores de la economía y las finanzas.
- **Seguridad:** Siempre a favor de Bitcoin, ya que sus operaciones se realizan mediante direcciones públicas y claves de acceso privadas, permitiendo al usuario disponer

libremente de sus fondos y de igual manera recibir pagos, seguros y sin ningún tipo de riesgos.

- **Comisiones más económicas:** Ya que los fee destinados a ser pagados a los mineros por su generación de bloques, son realmente bajos, esto si lo comparamos con la banca tradicional, donde las comisiones por uso de canales y consultas son altas y van en aumento junto con la inflación que haya lugar.

Las transacciones en criptomonedas y muy puntualmente en Bitcoin, sólo representan algunos centavos, ya que estas no son proporcionales al monto de la transacción realizada, sino según el tamaño de la misma; de esta manera el usuario verá un rendimiento sustancial por cada movimiento realizado con su dinero digital, sin importar la cantidad de operaciones, consultas, transacciones y demás actividad realizada en la plataforma.

Reserva de valor

Los más recientes indicadores económicos y financieros están dando por sentado que el Bitcoin se ha venido posicionando como una muy importante reserva de valor en el mundo, dejando a un lado al oro como el principal activo de refugio más seguro.

Como lo hemos visto y podemos comprobar, Bitcoin sigue ganando terreno ahora en un ámbito por demás inquietante para muchos; pues entre los inversores institucionales despierta total interés el hecho de que la criptomoneda ha representado disminución de volatilidad con respecto al oro, algo realmente inédito y que no deja de sorprender a los analistas. Ya que se habla de dinero digital que supera la posición del oro como reserva de valor. Este hecho bien puede causar que sea generada una adopción inmensa y de generalizada aceptación de Bitcoin como fondo de reserva financiero. Todo ello basado en el hecho del rendimiento que ha registrado Bitcoin frente al oro desde mediados del año 2020.

Muchos expertos económicos y analistas financieros, han argumentado que esta tendencia podría darle un gran giro a Bitcoin y convertirlo en una última instancia en un refugio seguro y preferido para los inversores al tiempo que la narrativa de un oro digital, viene ganando espacio.

Es importante mencionar que, a inicios del 2021, específicamente para los primeros días del mes de febrero el estratega de Bloomberg Mike McGlone, declaró que la criptomoneda número del mundo alcanzaría rápidamente un valor de 50.000$USD por BTC, al tiempo que gran número de inversores convertían sus fondos de oro en Bitcoin. A mediados de mes la cifra predicha fue alcanzada.

Para todos los Bitcoiners, usuarios activos de la criptomoneda, el panorama a mediano plazo les resulta bastante optimista y alentador. Han visto un crecimiento importante en el valor de la moneda día tras día, y sumado a ello; las proyecciones de expertos, quienes afirman que para el año 2022 Bitcoin estará cotizado en 170.000$USD por unidad, antes de consolidarse como oro digital. Una noticia, estudios y declaraciones intensamente entusiastas.

Coexiste una batalla virtual de refugio entre el oro y el Bitcoin, saliendo fuertemente favorecido este último. Los números y cotizaciones así lo demuestran:

En la actualidad, el valor del BTC se cotiza por encima de los 59.000$USD, mientras 1oz de oro de 10k ha mostrado una baja, llegando a cotizarse en 727,33$USD.

Para muchas personas, expertos y conocedores en la materia sobre dinero digital, es válida y hasta aceptable la idea y consideración de posicionar a las criptomonedas, en especial al Bitcoin, como una importante reserva de valor, la cual; y como hemos visto, podría incluso sustituir al oro en un futuro no muy lejano, apoyado en que la criptomoneda no está regulada ni bajo condición de ninguna entidad o gobierno.

Una reserva de valor es la gran oportunidad que se tiene para que el dinero no sufra los inminentes embates y ataques que a diario vemos producto de la deflación e inflación de la moneda, es una manera de salvaguardar un patrimonio. El oro y el Bitcoin son los dos mejores ejemplos de y activos más utilizados como reservas de valor, pues se proyecta que, si la economía se derrumba, estos se mantendrán en pie firme.

Bitcoin Halving

Además de ser la moneda digital en primer lugar del mundo, también ha implementado, gracias a una destacada tecnología de punta; relevantes programas y sistemas operativos que han sido incluso, adoptados por otros servicios de criptomonedas; Estamos haciendo referencia directa acerca del halving, que más que un procedimiento estructural; es un importante recurso en el cual la ganancia de bloque de una criptomoneda se fragmenta en dos partes exactamente iguales con el firme propósito de minimizar su nivel de emisión.

Desde entonces el halving figura como uno de los procesos de mayor importancia dentro del procedimiento económico de Bitcoin. Halving de Bitcoin es un proceso computarizado que fue creado como recurso para estimular la minería a través de Prueba de Trabajo. Bitcoin puso en marcha su proceso de halving, considerando que el número de Bitcoins que podría existir llegará a ser finita y la configuración de su software está determinada sólo para 21 millones de criptomonedas exactamente.

El software está diseñado para liberar los Bitcoins y así recompensar a los mineros, mientras van creando bloques y validando transacciones, como ya lo hemos indicado; cada 10 minutos. Halving es un proceso que siempre está activo y que no se detiene, la cantidad de Bitcoins a liberar nunca es la misma, está es indeterminada, ya que el software está diseñado para llevar a la mitad una cantidad de bloques cada cierto espacio de tiempo.

El proceso también está diseñado para determinar un tiempo hasta que haya finalizado la emisión de las criptomonedas y así lograr un modelo deflacionario y lograr que el valor de Bitcoin vaya en aumento progresivo. Este proceso se ejecuta estrictamente de forma automática, tal como fue establecido y se encuentra configurado en su código interno de procesamiento, sin patrones ni algo similar, el proceso marchará como tal.

No está programado cada cuánto tiempo ocurrirá un halving, es impredecible e incalculable en qué momento minará un bloque. Lo que sí es viable es que mediante una media histórica y viendo reportes de minado, hacer un cómputo promedio para estimar ese momento. Los halving de Bitcoin ocurren cada 210.000 bloques, considerando que la media de la red es cada 10Min.

Entonces un halving puede ocurrir cada 4 años, así:

Multiplicamos los 210.000 bloques por 10 minutos, tiempo promedio de creación de bloques. Obtenemos 2.100.000 y lo dividimos entre 60 minutos, resultado: 35.000 horas, dividido entre 24 (1 día) = 1.458,333 días y volvemos a dividir en 365 (días que representan un año)= 3,995 años

Un halving ocurre en promedio, cada 4 años. El próximo evento halving, según cálculos históricos y los anteriores ocurridos el 28 de noviembre de 2012, el 09 de julio de 2016 y el 22 de mayo de 2020; se produciría el 5 de mayo de 2024 a las 07:06HRS UTC.

Cuando un recurso o herramienta se destaca por su versatilidad, efectividad, productividad, seguridad y confianza; se convierte en un instrumento de avanzada y este mismo prestigio lo obligará a ser mejor cada día. Halving de Bitcoin resultó en eso, la herramienta referencial y útil por el sistema criptográfico mundial, donde la mayoría de las criptomonedas lo adoptaron y tomaron para sí. Todo ello en beneficio de los participantes globales dentro del sistema.

Los Forks de Bitcoin y por qué no debes invertir en ellos

En el mundo de la programación y la informática se entiende por forks (bifurcación), la modificación de código que se efectúa a un software libre. Un código bifurcado por lo general suele ser muy similar al original, solo que este tiene modificaciones importantes, sin embargo, ambas versiones de software pueden ser compatibles.

En determinadas o ciertas ocasiones un fork es utilizado como recurso de pruebas a un software, ahora bien; en el campo de las criptomonedas, estos forks son utilizados para instaurar importantes cambios de sistema o crear una nueva moneda con características similares y muy parecidas a la genuina.

Cuando una misma criptomoneda es dividida en dos, ocurre un evento conocido como Hard Fork (también existe el Soft Fork que explicaremos de manera sencilla) o Bifurcación Dura. En este proceso se realiza el cambio de código existente de la criptomoneda a copiar, dando como resultado dos versiones "similares" de una misma moneda. Tendremos entonces como resultado de Hard Fork, una moneda nueva tomada de una original o antigua. Dos monedas de un mismo espécimen.

Definamos:

- **Soft Fork:** También Bifurcación Suave. Es el proceso en el cual las dos versiones de un mismo software son compatibles entre sí.
- **Hard Fork:** También Bifurcación Dura. En este proceso las dos versiones de un mismo software son incompatibles.

Como podemos comprender, ambos tipos de forks resultan en dos versiones distintas del mismo software y a su vez, dos versiones desiguales de blockchain y dos versiones desiguales de token o monedas, pero un Hard Fork busca crear dos cadenas de blockchain o monedas incompatibles, mientras que un Soft Fork produce dos versiones compatibles de token y software.

Un ejemplo interesante de Soft Fork de Bitcoin, lo tenemos en SegWit, la cual fue proyectada para crear dos versiones compatibles del mismo software compartiendo una sola moneda. Ambos softwares de SegWit, el original como el replicado usan el mismo Bitcoin.

Bitcoin Cash

Producto de una Hard Fork, Bitcoin destinó su proceso de creación a consolidar esta nueva moneda como un activo diferente y de distinto valor. Luego de este evento, Bitcoin y Bitcoin Cash se transformaron en dos monedas virtuales perfectamente diferentes, tanto que es imposible transferir Bitcoin Cash (BCH) a la Blockchain de Bitcoin (BTC) y viceversa, pues sus cadenas no son compatibles.

Bitcoin SV

Bitcoin Satoshi's Version, Bitcoin SV (BSV). Sustentada por la red Peer-To-Peer, es una moneda que surge como parte de los proyectos producto del código genuino de Bitcoin (BTC), abriéndose paso a partir de una bifurcación en la cadena de bloques, desde otra moneda también bifurcada, la Bitcoin Cash (BCH). A pesar de ser un proyecto tomado de Bitcoin (BTC), cuenta con modificaciones primordiales que modifican la metodología para su minería y almacenamiento de datos en su cadena de bloques. Bitcoin SV, así como Bitcoin (BTC), es también una moneda digital descentralizada útil para negocios, operaciones y transacciones en la red virtual.

Es importante resaltar que por lo general no todos los procesos de Bifurcación Dura y no siempre, proceden a originar una moneda virtual nueva con valor propio, también pueden crearse como actualización de software, resultando de ellos, otra moneda o token.

¿Por qué no invertir en ellas?

Toda inversión de mercado tiene sus riesgos tanto en negociaciones tradicionales como las de nueva tendencia vía digital, y la inversión en criptomonedas no escapa de esta polémica. Desde la aparición de la primera moneda digital o criptomoneda en el mundo, cuando vio la luz Bitcoin (BTC), muchas comenzaron a aparecer, algunas no lograron mantenerse otras siguen tan activas y productivas con Bitcoin (BTC) y de la cual surgieron, mediante un proceso de bifurcación las dos vistas líneas atrás: Bitcoin Cash (BCH) y Bitcoin SV (BSV).

Sin discusión, Bitcoin (BTC) se mantiene líder en el mundo de las monedas virtuales, creciendo a tal magnitud que ya se vislumbra como una reserva de valor que se cree, superará al oro, quizás sea esta una de las razones de su crecimiento indetenible. Pero, ¿Por qué no invertir en Bitcoin Cash (BCH) y Bitcoin SV (BSV)?

Solo algunos aspectos breves y luego querido lector, considera tus propias conclusiones:

- Bitcoin Cash (BCH) resulta ser como una versión nueva de Microsoft Word, que te permite generar documentos con fantásticas novedades pero que ya no se pueden abrir ni ver a través de las versiones anteriores.
- Muchos críticos y analistas, especializados en la materia consideran que Bitcoin Cash (BCH) es una moneda excesivamente centralizada y que puñado inmenso de mineros fabrica la mayoría de las monedas.
- Bitcoin Cash (BCH) y Bitcoin SV (BSV), tienden a ser una bifurcación concebida y creada como parte de una filosofía radical y controversial. En consecuencia y por tal razón son consideradas y valoradas como herramientas o instrumentos criptográficos de inversión con alto riesgo.

- A pesar de que el equipo de Bitcoin SV asegura contar con desarrollos eficientes, las operaciones son susceptibles de vulnerabilidad en la red por doble gasto.
- Se hace del nombre y la marca 'Bitcoin' para ganar popularidad, pero realmente no ofrece elementos realmente revolucionarios o positivos.

El precio del Bitcoin

Ha sido expuesto en varias ocasiones en el transcurso de este trabajo, sin embargo, repasemos y recordemos un poco que Bitcoin es un sistema financiero digital descentralizado, pues no pertenece a ningún gobierno o empresa que lo regule y no tampoco es considerado moneda legal en ningún país. Todas sus operaciones y transacciones son digitales y se negocia a través de criptomonedas. Bitcoin es una moneda cada día más fuerte, más poderosa y una reserva de valor con grandes expectativas financieras alrededor del mundo.

¿Cómo se determina el precio del Bitcoin?, ¿Por qué sube y baja a cada segundo? El precio del Bitcoin es determinado por quienes deseen participar en su transacción de compra-venta, es decir; sus suscriptores y usuarios que hacen vida en esta plataforma de dinero digital. Indistintamente de las dinámicas y movimientos financieros constantes, siempre serán sus usuarios quienes fijen su valor.

La actividad económica de la cual es partícipe Bitcoin brinda la posibilidad de ser distribuido libremente y beneficiarse de él. Los productores de Bitcoin, los mineros, tienen la facilidad de proponer un precio para la criptomoneda al momento de ofertar su venta a sus interesados y así llegar a un acuerdo mutuo. Entre ellos harán propuestas de valor exponiendo un precio con la idea de que la otra persona lo acepte, para, entre regateos y vaivenes; terminen aceptando un monto que satisfaga a las partes involucradas.

Vía telefónica o sentados tomando un café podemos hacer nuestros negocios, pero en un mundo totalmente globalizado y digital, resulta más práctico, seguro y común ver estas negociaciones en ambientes online, optimizados y especializados en criptoactivos; las conocidas plataformas de trading Bitcoin, donde el interesado en la venta podrá publicar su propuesta a un precio deseado.

El precio del Bitcoin tiende a variar o fluctuar a cada momento, al igual que cualquier otro tipo de producto. El valor del dólar, el euro, la libra, etc., también varía, basta con tan solo dar un vistazo a cualquier indicador para comprobarlo. La misma dinámica que vive nuestra sociedad hace el mismo movimiento de fluctuación. Todo sube y todo baja.

Está claro que no existe en el mundo una plataforma única dedicada a la comercialización exclusiva de criptomonedas, en especial para Bitcoin, son muchas las que ofrecen estos servicios de oferta y demanda, teniendo en su haber cada una sus propias condiciones operativas y políticas de negociación que serán aceptadas por los interesados que generan el movimiento-valor de la criptomoneda.

Indistintamente a tales características del mercado, todas tienden a buscar un punto de equilibrio y valor más o menos igual. Cuando se dan diferencias muy notorias entre dos productos o elementos afines, el público consumidor, comprador o inversor, optará en hacer su negociación por el más barato para luego vender sobre la referencia del más caro. Así ocurre a cada instante y puede ser visto, como se ha dicho; en los indicadores de libre consulta en la web. Esto se llama libre arbitrio de venta, buscando dar uniformidad a los precios en las diversas plataformas de intercambio de valor.

¿Por qué es deflacionario? Uno de los puntos mas importantes

Bitcoin es deflacionario por naturaleza y en ello encontramos dos reglas esenciales que nos darán la respuesta a esta característica de valor en la criptomoneda.

1.- Bitcoin solo emitirá 21 millones de monedas.

2.- Aritméticamente, cada cuatro años en promedio se produce una reducción del 50% en las comisiones de Bitcoins que reciben sus mineros por la validación de bloques, el conocido halving.

Adicional a estos dos aspectos básicos y bien conocidos, se suma el acaparamiento o retención por parte de los usuarios; lo que hará que siga aumentando su valor.

La limitación en la elaboración de criptomonedas, es decir; la cantidad de Bitcoins que existirá, es el primer gran factor de interés que influirá para que la criptomoneda aumente su precio junto al proceso de halving. Estos dos aspectos inducen a que la cantidad de monedas digitales totales a imprimir y a distribuir sea finita y que la liberación de monedas se produzca cada cuarto años.

Esto demuestra la transparencia de los procesos lo cual redunda en un aumento de valor cada 10 minutos y con ello, el hecho de que cada día hay menos cantidad de monedas que estarán en manos del mercado. Una evidencia muy clara de la deflación en Bitcoin.

Bitcoin vs. Dinero FIAT

Tener hoy para que sea mayor y tener hoy lo que se tiende a devaluar. Podemos traducirlo como en poseer Bitcoins ha aumentado su valor y disponer de fondos en dólares o euros que en sí mismos perderán valor día a día.

Bitcoin nació para quedarse, y con él una franja muy bien delimitada que se mantiene firme y separa el dinero de los gobiernos.

Un fenómeno que suele ser llamativo e interesante es el que ocurre y se evidencia cuando ciertos movimientos socio-culturales se hacen públicos y se declaran Anti-Estado y en contra de cualquier corriente política o partidista. Algo así es lo que sucede con el carácter deflacionario de Bitcoin y su relevante posicionamiento en el mercado criptográfico frente a la economía tradicional y el circulante dinero tradicional actual impreso y producido por decreto de sus gobernantes que le dan curso legal institucional, dinero fiat.

Frente al dinero fiat que es emitido e impreso por decretos y orden gubernamental, centralizado, sin respaldo y representación que junto a otras divisas afines vive un constante proceso de devaluación que a su vez genera inflación en sus propias economías, está Bitcoin una criptomoneda; fundamental y definitivamente la introducción y punta de lanza de un sistema financiero global de transferencias representado por un valor creíble y neutral de código abierto sin exigencias de permiso, descentralizado; además criptográficamente seguro, veraz y confiable.

Esta próspera cripto-economía reconocida y aceptada por más de 100 millones de usuarios que se halla aún en su fase inicial, relativamente muy joven y con tan solo 11 años de existencia en el mercado digital, ha transformado esencialmente el mensaje sobre lo que el dinero propiamente dicho podría ser en el presente y en lo tal vez se podría convertir en el futuro.

El tercer halving de Bitcoin, registrado en mayo de 2020, generó una reducción del 50% en las comisiones del bloque Bitcoin otorgada a los mineros quienes están encargados de velar por la validación de transacciones y asegurar la red. Este evento representa una notable distinción entre los sistemas monetarios establecidos por decreto o ley en manos de gobiernos, banca e instituciones y el naciente sistema criptográfico ejecutado por medio de software y programas tecnológicos. Ante la crisis económica mundial que afrontamos en la actualidad, desarrollar un sistema tecnológico monetario es una oportunidad para reactivar sectores productivos a todo nivel.

La capacidad ilimitada que tienen los Estados para imprimir su dinero en el mundo actual opera dentro de un marcado contraste frente a Bitcoin, disminuyendo paulatinamente la emisión a través de una política monetaria inmutable. El halving de Bitcoin en el contexto de la pandemia suministró un punto de partida atrayente para discutir la diferencia central entre los paradigmas de dinero fiat y criptomonetario y la distribución del poder en ambos.

Guardando tus Bitcoins

Bitcoin al igual que otras criptomonedas forma parte o constituye la red de pago Pee-To-Peer (P2P) que es totalmente libre y descentralizada. Significa esto que no existen mediadores ni controladores externos como bancos para registrarte como usuario en una nueva cuenta. El interesado puede hacer este proceso directamente de forma gratuita, online y en tiempo real; además podrá abrir cuantas cuentas desee, no hay límites. Estas cuentas son llamadas direcciones y cada dirección va en conjunción con una contraseña o clave privada que permite certificar quién es su propietario y verificar los fondos de los cuales dispone.

Los fondos almacenados en estas direcciones se controlan gracias a la existencia de las conocidas wallets o monederos de criptomonedas. Los wallets son en realidad softwares especiales que permiten llevar un manejo y monitoreo de las cuentas, fondos, movimientos y estatus de las criptomonedas. Estos monederos de criptomonedas o wallets son los que le permiten al usuario enviar y recibir pagos desde cualquier lugar del mundo en el momento que lo requiera.

Gracias a estos monederos se les permite a los propietarios almacenar sus monedas digitales de forma segura y por demás muy sencilla. Justamente con ese propósito y para tal fin fueron creados. A pesar de que existen infinidad de opciones, todos los wallets tienen algo en común, son una vía expedita para la utilización de las criptomonedas.

Las criptomonedas tienen un funcionamiento muy similar al sistema digital de pagos Zelle, en el cual tu dirección de correo es el identificativo exclusivo para reconocerte como el propietario único de la cuenta. Tu dirección es válida para recibir pagos y también hacerlos a favor de otra persona, utilizando el correo de destinatario que como tal lo identifique.

En el caso de las criptomonedas como lo es Bitcoin, en lugar de utilizar tu dirección de correo, se asigna al usuario una dirección única, especial e irrepetible. Veamos un ejemplo de dirección real para usuario Bitcoin: 1A1zP1eP5QGefi2DMPTfTL5SLmv7DivfNa (la dirección de la wallet de Satoshi Nakamoto por allá en el 2009, hasta hoy en día mucha gente continua enviándole algunos BTC, satoshis, en forma de agradecimiento por haber creado el Bitcoin). Estas direcciones están enlazadas a una clave relacionada matemáticamente en conjunción a una clave privada que se genera cuando se inicia el uso del wallet. La creación es casi infinita y segura, con lo cual es una gran ventaja y respaldo para mantener su cuenta en total reserva.

Los wallets o monederos de criptomonedas son softwares, a través de los cuales Bitcoin permite a sus usuarios guardar sus fondos, administrarlos y desde allí, bajo un soporte técnico de estricta tecnología avanzada, seguridad y privacidad; realizar transacciones y pagos en forma libre, sin intermediarios, desde cualquier lugar del mundo y vía internet desde un ordenador o dispositivo móvil.

Cuando de resguardo y seguridad para nuestros fondos en criptomonedas se trata, sabemos que no es cosa de juegos y no nos lo debemos tomar con ligereza. Por esta imperativa razón fueron creados los hard wallets; dispositivos físicos concebidos para brindar la mayor seguridad y protección posible a los fondos y dinero digital constantemente.

Los hard wallets, como se dijo; son dispositivos físicos los cuales se activan al igual que un monedero digital, solo que, sin necesidad de estar conectados a internet, conservando dentro de ellos en forma segura y reservada el almacenaje de las claves privadas. Estos Hard Wallets forman parte de las conocidas Cold Wallets, cuyo nombre se debe a la condición de trabajo en frío, por no necesitar estar en conexión a internet o a una Blockchain, lo cual las hace de excepcional condición.

Son dispositivos especialmente diseñados con el propósito de brindar seguridad en todo momento. En formatos físicos pequeños (similares a un pendrive), estas unidades HSM (Módulos Hardware de Seguridad) con un nivel de seguridad a escala militar, acceden a la creación de claves privadas que se mantendrán siempre allí, en el dispositivo de seguridad. Si un hardware Wallets es manipulado físicamente de forma fraudulenta con la intención de ingresar a las claves, este se "suicida", dejando el dispositivo en blanco.

Las hard wallets constituyen una de las opciones más seguras, cómodas y garantizadas en el mercado cuando de almacenamiento privado para grandes cantidades de criptomonedas en frío se trata. Todo esto por la protección que sobre las claves privadas brinda dentro de sí, permitiendo además un uso muy cómodo, por lo general vía USB; fáciles de transportar y guardar. Empleando un tipo de chip de alta seguridad, estos dispositivos almacenan todas las claves, las cuales una vez ingresadas no pueden ser copiadas a ningún ordenador ni transferidas fuera de él.

Las funciones básicas de las hard wallets o son únicos dos usos, son generar claves privadas y firmar con esas claves el contenido que sea asignado. Así, la clave privada en ningún momento sale del dispositivo, estará siempre allí, resguardada.

Ledger

Es una empresa tecnológica especializada en el desarrollo para generar soluciones de infraestructura y seguridad para criptomonedas y Blockchain. Entre los diseños bandera ofrecidos al mercado, figuran los Ledger Nano S y Ledger Nano X.

Ledger Nano S: Es uno de los monederos digitales para criptomonedas más recomendados en la industria criptográfica. Ledger Nano S es el dispositivo digital sugerido para almacenar Bitcoins. Es un hardware que permite almacenar diferentes tipos de monedas digitales de la forma más segura y garantizada.

Ledger Nano X: Es el más reciente dispositivo fabricado y ofrecido por la empresa Ledger. Ha sido diseñado y configurado con el hardware más seguro y móvil en el mundo de la criptografía. Conexión inalámbrica en frío tipo bluetooth, apoyará a los usuarios a tramitar sus fondos digitales en movimiento.

Trezor

Al igual que Ledger, Trezor es también una empresa para el desarrollo de soluciones tecnológicas, creadora de las primeras wallets físicas; la cual cuenta con una formidable reputación en la industria de la seguridad e informática. Las wallets de Trezor son también dispositivos físicos capaces de brindar un seguro almacenamiento de las claves privadas criptográficas. Igualmente son wallet determinista (HD), ya que cuenta con la capacidad de generar direcciones de manera ilimitada a partir de la original.

Su sistema operativo es compatible con Android, Windows, OSX y Linux, una vez configurado por vez primera, muestra en su pantalla de inicio, lo que se conoce como "semilla" con 24 palabras claves a partir de un RNG, también en frío y sin conexión a internet. Es importante destacar que la semilla jamás estará fuera del dispositivo, con lo cual Trezor creará un ambiente en solitario para accionar la firma de transacciones off line. Una manera totalmente segura que no permitirá descubrir la clave del usuario.

En otras versiones de esta misma compañía, se encuentran: Trezor One_y Trezor T. Estos dispositivos están fabricados en un diseño amigable y cuentan con una interfaz de usuario fácil y sencilla de usar, admitiendo el ingreso para una cantidad muy amplia de criptomonedas.

Las KEY de tus criptomonedas

Con todo este crecimiento acelerado y galopante de la tecnología actual, resulta muchas veces más difícil mantener intacta nuestra privacidad. Pensemos por un momento en las grandes empresas de renombre y el alto nivel de trabajo por mantener toda su data segura y protegida.

El mundo de las criptomonedas no se escapa de esta situación y está en la búsqueda de seguridad y privacidad garantizada, muchas veces los mismos usuarios se vuelven sus mismos guardianes y agentes para el resguardo de su identidad. Por fortuna, son muchas las empresas tecnológicas a nivel mundial que están dedicadas a investigar, desarrollar y activar hardware, softwares y sistemas operativos adaptados a cada necesidad con el único propósito de garantizar aquello que tanto desean las personas: Privacidad y seguridad criptográfica.

¿Por qué mantener las key?

Todas las personas activas en el ambiente online y en especial aquellas quienes manejan el dinero de forma digital, están definitivamente obligadas a conservar su identidad en total privacidad y seguridad, pues así; por ejemplo, solo el propietario de una cuenta en criptoactivos podrá ser el único en tener el control total sobre la misma.

No cabe duda que todos necesitamos contar con una identidad segura y privada, nuestros nombres, números, claves y demás datos no querrán ser compartidos con toda una comunidad externa abierta. Quien incursiona en el ecosistema digital está obligado a mantener sus key e información general de este ambiente recién creado en total reserva, solo así podrá realizar todas sus transacciones y ofrecer servicios, contando con seguridad y anonimato garantizado. Conviene entonces tener un almacenamiento privado de datos, así no habrá manera de que la información personal y financiera sea filtrada y exportada por y hacia terceros. Todo esto le permitirá al usuario participar en procesos fluidos, personalizados y seguros con plena tranquilidad.

Comprando y vendiendo Bitcoin

En la red criptográfica existe una fantástica condición y modalidad de servicio que mantiene activa la plataforma las 24 horas del día los 365 días del año, y esa posibilidad de comprar y vender Bitcoin al mejor postor en el lugar y momento indicado, desde cualquier lugar o punto geográfico del mundo, sin importar la hora y con solo un clic desde tu ordenador o dispositivo a través de una conexión a internet.

Este movimiento constante es el que ha mantenido y mantiene activo a Bitcoin desde su aparición y a partir de aquella famosa transacción para comprar y pagar dos pizzas, aquel día; en 10.000BTC. Pues bien, su actividad segura y confiable, su gran trayectoria e indiscutible aceptación, ha generado hasta hoy, un poco más de un centenar de usuarios; y sigue creciendo.

Disponer de dinero fiat para de inmediato ser canjeado por Bitcoins ha resultado en una negociación indiscutiblemente de lo más rentable. Un claro ejemplo de ello lo vemos en quien sí para el año 2010 convirtió 100$USD en Bitcoins al precio de 0,003 centavos, hoy día tendría en su wallet un equivalente a 73.000.000$USD ¡Sería millonario! Algo sorprendente y nada imaginado. Así ha venido funcionando y creciendo esta formidable criptomoneda.

Para entrar en negociaciones con dinero digital que permitan la compra y venta de criptoactivos, es necesario poseer una cuenta y su respectivo monedero digital, además de los fondos disponibles para ofertar ante la futura transacción. Existe un menú gigante de plataformas digitales, especialistas en la materia y con todos los recursos exigidos para tales fines, que proveen a los usuarios de orientación, formación y educación; antes de decidir procesar el envío de su dinero a un destinatario, bien sea para efectuar un pago o para realizar la compra de algo producto, bien o servicio.

Estas plataformas digitales dedicadas al trámite de transacciones y operaciones criptográficas diversas, deben contar y cumplir con todos una serie de protocolos necesarios que garanticen en seguridad, reserva y privacidad básicos y fundamentales que brindan además de ello, confianza y protección al usuario que hará circular sus fondos a través de la web por intermedio de sus servidores.

Como bien se ha dicho, son muchas opciones, muchas alternativas, muchas desde las cuales elegir la que consideremos sea la mejor conforme a nuestros criterios y subjetividad. Es todo un mundo online, globalizado en el cual el contacto personal directo y tradicional no es la principal herramienta. Se recomienda ser cuidadoso y precavido para tener el alma tranquila y saber que tus criptomonedas están muy bien resguardadas y allí, disponibles y utilizables para cuando sea el momento de realizar algún movimiento con ellas o la próxima transacción. Saber que todo es seguro y marcha bien cuando estamos, especialmente; comprando y vendiendo Bitcoins.

Ahora bien, ¿Existe alguna plataforma en especial para realizar estas operaciones?, ¿Cualquier plataforma es segura?, ¿Podemos tramitar fondos con más de una? Veamos a continuación un breve detalle de algunas alternativas que se han ganado el prestigio y confianza de un importante de Bitcoiners.

Comprando en Coinbase

Una de las plataformas más seguras, confiables y populares en el mundo, para la compra de Bitcoins, además de ser sencilla, práctica y de navegación amigable. Coinbase hasta ahora continúa siendo una de las fiables en la red.

Esta web es la más popular que se halla en el mercado. Es muy rápida y sencilla de utilizar. A través de Coinbase puedes hacer la compra de Bitcoins por medio de una tarjeta de crédito o de alguna transferencia bancaria. Los gastos administrativos por comisión varían según el servicio a utilizar y región geográfica, sin embargo, son costos realmente muy bajos y atractivos para el cliente.

Coinbase ofrece servicios totalmente gratuitos a sus clientes como lo son:

Resguardo de criptomonedas

Dado que Coinbase también ofrece el servicio de wallet, asociado a su lista de Exchange, el cliente no deberá pagar por adquirir el monedero ni por el mantenimiento del mismo.

Transferencias entre wallets internas en Coinbase

No existe ningún cobro de comisión por la realización de transferencias y operaciones desde una wallet de Coinbase a otra, es decir entre los mismos clientes; siendo este un trámite muy usual, está libre y exento de cualquier cargo operativo.

Servicio Coinbase Commerce

Diseñada especialmente para clientes que posean un negocio, Coinbase ha creado su producto Coinbase Commerce como una extensión de Exchange que le permite a sus clientes comerciantes la aceptación de pagos en sus negocios con criptomonedas, por lo cual no se efectúan cargos por comisión, es un servicio gratuito

Otros servicios de Coinbase con cargos o cobro de comisiones:

La plataforma asigna dos sistemas de comisiones. El primero es un *spread* (una diferencia que se adiciona al precio final del activo dentro del mercado) y el segundo es la comisión fija o porcentual hecha a la operación y que es variable según la cantidad.

Compra-venta de criptomonedas con dinero Fiat

La plataforma cobra una comisión o cargo *Spread* sobre el valor de cierre del activo en el mercado de 0,50% del precio. Se debe destacar que este importe porcentual no es fijo, ya que Coinbase hace saber a sus clientes advirtiendo que este Spread es variable según su movilidad diaria en el mercado.

En conjunción con el Spread, la plataforma efectúa el cobro de una comisión que pudiese variar porcentualmente fija o según el monto de la operación y sujeta a cambio conforme a la ubicación geográfica desde donde el cliente se encuentre realizando la operación. Coinbase en todas sus operaciones siempre realizará el cargo que resulte más alto entre la fija y la variable porcentual.

Conversión de criptomoneda por otra criptomoneda

Desde su plataforma, Coinbase cobra estos trámites por medio de Spreads sobre los precios de las criptomonedas a convertir. El Spread tiene la tasa del 1% sobre el precio de la criptomoneda a adquirir. Coinbase siempre hará saber a sus clientes que el porcentaje del Spread podría variar conforme a los movimientos y actividad del mercado.

Compra de Coinbase Bundle

La plataforma de Coinbase brinda el servicio de cesta para monedas y así poder comprar varias monedas digitales desde una misma transacción. La ventaja de esta oferta es que Coinbase no cobrará ninguna comisión por cada criptomoneda, sino que realizará un cargo general por la compra y monto global como si de una compra única se tratara. La comisión que es cobrada por Coinbase Bundle es igual a la cobrada por hacer la compra de un solo activo.

Comprando en Changelly

Disponible para todos los usuarios que buscan un medio efectivo para administrar sus monedas digitales, la web ofrece esta plataforma, considerada como una de las más rápidas en la red para intercambiar criptomonedas de forma segura, a través de tarjetas bancarias o transferencias de fondos. Por medio de Changelly se tiene la oportunidad de comprar Bitcoins entre las criptomonedas más conocidas y utilizadas.

Dentro de sus propósitos u objetivos básicos, Changelly tiene planteado romper con la gran cantidad esquemas y paradigmas en barreras técnicas y administrativas frente a la nueva tendencia del mercado digital, brindando la posibilidad de adquirir criptomonedas con la sola utilización de otras criptomonedas como recurso o elemento de pago, mediante costos mínimos de comisión por la prestación de sus servicios.

Esta plataforma ofrece en forma muy particular la oportunidad de comprar o vender monedas digitales de manera rápida y segura. Significa esto que no existen ni se aplican herramientas de gráficos, libros de órdenes ni algo similar.

Changelly además de operar como casa de cambio, ofrece también productos y servicios online con atención y orientaciones a desde su página en internet, servicio de wallets y procesadores de pago para recibir criptomonedas a la mejor tarifa del mercado tanto a particulares como a compañías que reciban esta modalidad, un servicio de Widgets para que los clientes incorporen la plataforma en sus páginas web y comercien con un total de 52 monedas virtuales

Comisiones Changelly

Las compras hechas en la plataforma están sujetas a un precio ofrecido por Changelly, el cual está por encima al valor del mercado. Para el proceso inverso, la venta desde la plataforma reflejará un precio de oferta que estará por debajo del valor en el mercado. Los márgenes de beneficio o descuento suelen no ser reflejados ni publicados.

Un cálculo matemático realizado por la firma Cryptowisser, basado en una actividad el 9 de diciembre de 2020, se compararon los precios ofrecidos por Changelly ante Coinmarketcap.com. El cotejo reflejó que, en promedio porcentual, los precios de Changelly eran más altos/bajos en un 0,86% que los ofertados por Coinmarketcap. Se trata pues, y como muchos alegan; de una de las mejores plataformas y alternativas criptográficas con las más atractivas comisiones por operatividad.

Comprando con CEX.IO

CEX.IO es una destacada plataforma de servicios para manejo de criptoactivos conocida en la industria de las criptomonedas y es una de las bolsas de Bitcoin con más tiempo en actividad. CEX.IO cubre una extensa gama de servicios criptográficos ofrecidos desde su plataforma multifuncional para métodos de pago, seguridad y cuestiones legales.

Por medio de CEX.IO es posible comprar, vender y comercializar criptomonedas diversas entre las cuales destacan Bitcoin (BTC), Litecoin (LTC) y Ethereum (ETH) por dinero tradicional. Con una tecnología desarrollada para satisfacer los requerimientos de principiantes y expertos en trading; CEX.IO ofrece excelentes soluciones, entre las cuales resaltan; contar con una interfaz de compra simplificada y de negociaciones multiplataforma a través de su sitio en la web, disposición de una aplicación móvil y APIs. Con CEX.IO es garantizado y seguro resguardar los fondos de la cuenta, gracias a su servicio de almacenamiento.

Al igual que en otras plataformas digitales, todo comienza desde el momento en que procedes abrir una cuenta completamente gratuita desde su portal web, dando respuesta a todos y cada uno de los requisitos allí solicitados. Una vez creada tu nueva cuenta para manejo de criptoactivos, es aconsejable habilitar el proceso de autenticación a través del teléfono o mediante la aplicación Google Authenticator para mantener la seguridad de tu cuenta y de tus fondos que a partir de ahora manejarás con CEX.IO.

Ya como parte del sistema, el usuario dispondrá de recursos tecnológicos de punta para controlar la compra, intercambio y manejo de monedas virtuales por medio del monedero que provee la aplicación. Esta asignación de wallets es gratuita y no se paga por ella.

CEX.IO tiene una característica para sus servicios que resulta en algo muy particular, y es que a favor del cliente ofrece en su portal web la dirección física de sus oficinas en Londres (Reino Unido). Este detalle no quiere significar que sea más segura tan solo por una ubicación, pero seguros están los entendidos que es un aspecto que brinda mucha confianza entre su distinguida cartera de clientes.

A este punto agregamos otro por demás resaltante, y es que publican un número telefónico para atención personalizada desde Reino Unido y desde los Estados Unidos y para complemento, tres direcciones de correo electrónico para soporte, asistencia y apoyo técnico, sumadas a sus redes sociales en twitter, Telegram y Facebook. CEX.IO pensando en la mejor manera de llegar y captar a un público deseoso de formar parte del espectro criptográfico, abre todos los canales comunicacionales disponibles en la actualidad.

Uno de sus servicios bandera es el trading, un exchange que facilita la operación de forma spot (al contado) como al margen.

Cuando el servicio de trading es realizado al contado, se opera desde su plataforma estándar, y cuando es con margen se debe trabajar desde la página bróker.cex.io, donde el servicio de trading ofrecido es mucho más avanzado y desde el cual también es factible realizar operaciones spot.

CEX.IO ofrece otros servicios:

Brinda la posibilidad de comprar criptomonedas pagadas vía tarjetas de crédito VISA y Mastercard en cuatro divisas, a saber; dólares americanos, euros, libra esterlina, rublo.

Las compras pueden ser realizadas desde la plataforma web de CEX.IO o mediante la aplicación que descargable desde Google Play o App Store

El trading puede ser realizado también desde la aplicación móvil.

Staking, un servicio de financiamiento mediante el cual los usuarios activan un programa de trabajo criptográfico para generar gastos extras utilizando sus carteras

El servicio de préstamos con CEX.IO donde está dada la alternativa de solicitar prestadas divisas clásicas como Bitcoin o Ethereum

CEX.IO y sus comisiones

Toda operación comercial se realiza entre dos partes: el creador, cuya orden estará en el libro orden previo a la operación y el tomador, quien pone la orden en consonancia con la del creador. Los creadores generan liquidez a favor del mercado y los tomadores la quitan cuando coinciden ambas órdenes.

Las comisiones por concepto de operaciones CEX.io aplican en 0,25% para los tomadores. El porcentaje de esta comisión está a la par con la media del mercado. La industria de cambio brinda un descuento del 0,16% a los creadores, margen a través del cual operan sus transacciones. Su resultado es un beneficio para inversores sin interés en tomar órdenes existentes del libro.

A medida que el operador incrementa los niveles de sus operaciones, las comisiones se reducen, estas pueden llegar hasta a un 0,10% para tomadores y 0,00% para creadores.

Existe una gran cantidad de opciones, alternativas y ofertas de servicios de bolsas y criptográficos activos que se encuentran al alcance de un click, entregados a ofrecer lo mejor de manera integral. Estas plataformas seguirán floreciendo con el transcurrir del tiempo, y en proporción al crecimiento de la demanda y nacimiento de nuevas criptomonedas, como en sintonía con la obligación de satisfacer las necesidades de la sociedad que día a día se incorpora a esta tendencia de dinero digital.

Hemos mencionado solo tres: Coinbase, Changelly y CEX.io, con muy breves y puntuales reseñas. Estimado lector, te invitamos a indagar un poco más y conocerlas un poco más allá de esta lectura. Abrimos un portal web, exploramos y está en nosotros, registrarnos en la plataforma que consideremos que más se parezca a nosotros y nos ofrezca lo mejor del mercado. El propósito es estar tranquilo y hacer producir el dinero en una verdadera reserva de valor.

Los Exchanges (plataformas de intercambio y trading)

En proporción al crecimiento del mercado de criptomonedas que se expande cada día ganado más terreno como recurso financiero, igual continúan naciendo nuevas casas de cambio o Exchange, lugar en el cual podemos adquirir los fondos digitales deseados y dar inicio a operaciones propias de intercambio y negociación. Con una cantidad de opciones tan grande, puede resultar un tanto complicado y discernir cuál y qué es lo que más se adecúa a las necesidades de cada prospecto.

Centenares existen y se encuentran activas desde la web, incluso algunas ponen oficinas físicas y otros enlaces como líneas telefónicas y correos electrónicos a disposición de sus usuarios y posibles potenciales nuevos clientes. Un factor básico inspira la creación de estas Exchanges y es justamente el ambiente criptográfico propiamente dicho el que de manera indirecta impulsa su aparición, otro la cantidad de monedas digitales disponibles en el mercado y por último, entre quizás muchos más; la necesidad de consumirlas y poseerlas, pero ante todo manejarlas, administrarlas y tramitarlas de manera apropiada; allí entra en juego la Exchange de tu elección.

Coinbase

Es un portal web especializado en el área de *digital currency Exchange* que permite el acceso al mercado de criptomonedas, con una gran oferta disponible desde la cual poder elegir el criptoactivo que hemos estado buscando. También es considerado como uno de los servicios referenciales facilitadores para la compra y venta de monedas digitales a favor de usuarios experimentados como para quienes se inician en el mercado. Coinbase funciona perfectamente como monedero virtual donde se almacenan y administran fondos virtuales como un recurso viable para adquirir divisas nuevas.

Coinbase es una plataforma web, la puedes manejar desde internet cumpliendo dos funciones formidables. Utilizarla como monedero digital o wallet donde pueden ser almacenadas con privacidad y seguridad las criptomonedas adquiridas en un sitio único y como tu banca virtual, la cual puedes consultar para conocer el estatus de tus fondos, sus movimientos y comportamiento, así como su evolución en valor.

El portal financiero también funciona como un servicio para la compra y venta de criptomonedas, pudiendo conjugar tu tarjeta de crédito tradicional con la plataforma Coinbase y utilizar tu dinero fiat para comprar y pagar la moneda virtual de tu preferencia y que puedes comercializar en el momento que gustes o necesites.

La sede de Coinbase está ubicada en San Francisco, California (EE.UU.) fundada en 2012 por Brian Armstrong y Fred Ehrsam. Uno de sus inversores principales es BBVA a través de su programa BBVA Ventures. Para julio de 2019 la plataforma aseguró tener 30 millones de usuarios activos.

Binance

Una garantía de depósito es un fondo manejado para garantizar que la relación de las partes involucradas sea conforme. Una manera de asegurar la relación financiera. Binance es una Exchange P2P (Peer-To-Peer), en la cual las personas pueden efectuar una relación comercial segura y con privacidad. Aquí pueden ser vender y comprar tus criptomonedas con tu dinero de curso legal como fondo de garantía

En el proceso de negociación compra-venta de fondos, las monedas digitales de quien vende, serán colocadas en un fondo de garantía temporal quedando retenidas como garantía de depósito, hasta el momento que la transacción sea culminada con éxito entre ambas partes.

Binance es sin la menor duda, una de los mejores exchanges y figura entre las más populares recientemente. En la actualidad ha ganado un gran reconocimiento dentro del mundo cripto debido a la amplia variedad de monedas que ofrece para sus negociaciones y a sus comisiones muy bajas por transacción.

Changpeng Zhao es el nombre de un personaje importante que figura detrás de Binance. Se trata de un empresario chino-canadiense, fundador de la plataforma que hoy por hoy se impone como la exchange de intercambio de criptomonedas más grande del mundo por su sobresaliente número de transacciones que registra diariamente, gracias a sus ventajas, calidad de servicios y confianza a favor de sus muchos usuarios junto a los que se registran cada día.

CAPÍTULO 4
PORQUE EL BLOCKCHAIN CAMBIO AL MUNDO Y COMO PUEDES APROVECHARLO

Por lo general se suele asociar a la criptomoneda Bitcoin y algunas otras, directamente con Blockchain. Sus orígenes se remontan al año 1991, gracias a sus creadores Stuart Haber y W. Scott Stornetta, quienes dieron a conocer el primer proyecto realizado sobre una cadena de bloques estrictamente asegurados criptográficamente.

El mismo no fue notorio más de una década después, exactamente en 2008, cuando gracias a la llegada del Bitcoin este poderoso proceso se popularizó. En la historia contemporánea de la criptografía, su utilización está manifestando una fuerte demanda por su uso en otras aplicaciones comerciales, dando a Blockchain la proyección hacia un crecimiento anual del 51% para el 2022 en mercados diversos en la web, básicamente el de las instituciones financieras y negocios en internet.

La cadena de bloques o mejor conocida como Blockchain por su término en inglés, es un registro único, distribuido y consensuado en varios nodos de una red. Para el tema de las criptomonedas, este proceso sería como el libro contable en el cual quedan registrados todos y cada una de los movimientos.

El sistema operativo y funcional de Blockchain pudiese resultar complejo y quizás difícil de comprender si se profundiza en los detalles internos que lo componen y su implementación estructural. A continuación, veamos la idea básica de su actividad y trabajo.

Cada bloque se encarga de almacenar:

- Registros o transacciones válidas.
- Información referente al bloque
- Vinculación con el bloque anterior y el bloque contiguo por medio del hash en cada bloque

Así pues, cada bloque tiene una ubicación precisa e inamovible dentro de la cadena de bloques, ya que cada uno de los bloques contiene información del hash del bloque que le precede. Una cadena completa de bloques se guarda en su nodo respectivo dentro de la red para así constituir la blockchain. Así, al finalizar, una copia exacta de la cadena se almacena para todos los participantes de la red.

En la medida que nuevos registros son creados, estos son inicialmente verificados y validados por los nodos de la red para luego ser añadidos a un bloque nuevo que se enlaza a la blockchain.

Almacenamiento de datos

Consiste en el resguardo y réplica de la información para generar datos históricos fiables.

Transmisión de datos

Establecimiento de conexiones mediante redes de pares.

Confirmación de datos

Proceso abierto al público que cuenta con su dispositivo adecuado para este caso. Es competitivo y transparente para de esta forma lograr validar las entradas conocidas como minería de datos.

La primera criptomoneda que utilizó Blockchain, fue Bitcoin, y se usó para realizar un descifrado asociado a la moneda, la cual por primera vez manejó el concepto de "cadena de bloque". De aquí la afirmación que Bitcoin es la primera criptodivisa usada en la Blockchain.

"La cadena de bloques resulta ser un proceso complejo, pero gracias a los avances tecnológicos esto es realizado por los ordenadores y dependiendo de su capacidad, la minería puede o no ser productiva y ágil para la integración en la cadena de bloques."

R. Espinosa / Autorizado Red

Beneficios Blockchain

Entre los principales beneficios que describen a Blockchain, conviene mencionar los siguientes:

- **Datos disponibles y confiables:** Gracias a ser sistema operativo descentralizado, es proceso independiente que no requiere de mediadores ni terceras personas, además de no depender de algún organismo, empresa o gobierno, que lo supervise los cual permite que toda su información y datos sean de fácil acceso y confiables.
- **Acceso a datos de alta calidad**: Los participantes en una operación tienen sus propios datos precisos, oportunos, confiables, completos y consistentes; que son imprescindibles para poder tomar una decisión acertada.
- **Transparencia y estabilidad:** Dado que blockchain es una base de datos compartida, estos estarán disponibles para todos los usuarios de la red en cualquier momento de una transacción, aportando la transparencia requerida. Una vez que estos datos son creados, no podrán ser eliminados ni alterados.
- **Integridad en el proceso:** Los usuarios participantes de una transacción, conocen y aceptan que todo ha sido concebido conforme lo exige el protocolo acordado.
- **Rapidez y bajos costos:** Las cadenas de bloques se encargan de usar su propio potencial para generar una disminución en los costos y tiempo invertido para cada operación, esto se debe gracias a suprimir los costos indirectos para intercambiar activos, y no operar ni participar con intermediarios.

Utilidades de Blockchain

Blockchain es un mecanismo tecnológico que forma parte de un plan estratégico que interpreta las necesidades del proyecto, identifica el nivel de transparencia y descentralización, determina quiénes son los miembros que actúan como nodos y establece la estructura de

Blockchain apropiada, definiendo de forma precisa cómo van a ser las transacciones y operaciones.

El software de Blockchain accederá a crear proyectos distintos entre sí, por lo que la instauración concreta que se lleve a cabo será concluyente a la hora de decir si merece o no ser validado.

Es importante determinar cuidadosamente quién y cómo participará en la red. Si es una red privada o pública, según el tipo de red habrá que proceder a diseñar detenidamente su propia estructura de nodos y las transacciones que cada uno pueda efectuar y validar. Sobre el acceso web para sus usuarios, en el caso de haberlo, será prudente analizar qué se les va a mostrar y cómo se va a mostrar. No es necesario que el usuario sepa que detrás de la interfaz web que está utilizando hay una red Blockchain.

La magna utilidad de Blockchain es sin lugar a dudas intensamente sorprendente, llegando a sectores y zonas productivas que muchos nunca nos atrevimos a imaginar. Mencionaremos sólo algunas de las áreas donde la utilidad de Blockchain, es una maravillosa ventana al futuro.

Todo ello, gracias a los 3 principales beneficios que su tecnología nos ofrece. Un nuevo grupo de eventos ocurren y se expande entre nosotros de manera muy positiva y óptima. Desde la realización de contratos inteligentes, hasta la creación de aplicaciones específicas por sectores productivos; pasando por la elemental identificación online. A continuación, algunas prácticas de Blockchain que impulsan la sostenibilidad de un probable mundo cada vez mejor.

Blockchain y la salud

Son múltiples las aplicaciones que Blockchain puede aportar al sector salud. La cadena de bloques tiene la facilidad de simplificar los problemas sanitarios y contribuir a la transformación que tanto necesita el sector de la salud a nivel mundial para brindar garantizar una vida más y con mayores expectativas.

Manejo de datos para investigaciones científicas: Al suministrar una orientación de registro absoluto, todos los datos compilados son información valiosa para el campo de las investigaciones, con los cuales es factible que beneficiar a la sociedad contribuyendo con el hallazgo de soluciones; incluso ante la presente pandemia.

Evitar propagación de enfermedades: La tecnología de Blockchain, está en capacidad de permitir la lucha contra la propagación de patologías. Imaginemos el caso de una enfermedad se haya generado y luego extendido a través de alimentos en mal estado, contaminados o manipulados incorrectamente; a través de Blockchain es posible realizar un rastreo pormenorizado del recorrido total que han realizado los productos para así poder determinar dónde se produjo el contagio, cómo y el origen de la bacteria causante.

De esta manera, se puede evitar la propagación de una enfermedad, retirando los alimentos de forma inmediata, inspeccionada y eficaz.

Blockchain y la producción de alimentos

Dentro de los usos más curiosos que puede aportar Blockchain es el de la industria de alimentos. Puntualmente en el sector agropecuario, igualmente aplicable a muchos otros. Esta tecnología de bloques puede ser implantada con gran efectividad. El seguimiento de los productos de consumo desde el momento de su nacimiento o cosecha, hasta su destino de distribución.

Además de posible, esta plataforma podría presumir de un cambio contundente y positivo para el consumo de alimentos producidos por el sector agropecuario, donde todos los participantes de la cadena de producción tendrían información precisa de la procedencia y condiciones de sus productos. De esta manera, optarán por tomar la forma de producción más sostenible.

Blockchain y el sector energético

Por años y aún sigue siendo vigente, es habitual que un proveedor centralizado de energía tenga en su haber la responsabilidad de abastecer a la sociedad de la energía eléctrica. Esta situación está y continúa produciendo cambios, hoy día son más los hogares y empresas que unen esfuerzos en hacer lo posible por generar su propia energía a través de sistema energéticos renovables.

La debilidad se centra en que a pesar de ser muchos los países que han incorporado un sistema de compensación para los déficits y excedentes de la electricidad que se genera, resulta complicado llevar un control puntual y preciso.

Es en esta encrucijada cuando aparece Blockchain, que ofreciendo su novedosa tecnología, podría crear una red de viviendas, empresas y/o comercios, consumidores en general; y así monitorear y supervisar la compra y venta de esta energía.

Un ejemplo interesante es el que ocurre en España, donde desde el año 2019, las empresas de Iberdrola, Gas Natural Fenosa y Endesa se unificaron en un mismo proyecto de nombre Enerchain, soportado por Blockchain, y que habilita en cualquier zona de Europa transacciones de electricidad y gas, indistintamente del día y la hora.

Blockchain y la música

En el mundo de la música existen incontables dificultades en lo referente a la comercialización y distribución de las producciones musicales. Desde los estrictos copyright, hasta el control excesivo de ganancias que perciben algunas productoras, perjudicando a los autores y compositores de la música.

Gracias a las características de Blockchain, estos conflictos pueden ser resueltos con gran facilidad. La tecnología de bloques, proporciona a los autores los derechos de su propiedad, además de un control para monitorear y seguir el recorrido de sus obras, evitando disfunciones fraudulentas y protegiéndose ante la piratería.

¿Y cómo Blockchain puede hacer esto? A través de los contratos inteligentes, la automatización de pagos y eliminando a los promotores ajenos. Todo ello crea un sistema impecable, basado en condiciones justas y garantizando la facilidad de los pagos regulares.

Otros sectores en los que ha incursionado Blockchain, garantizando su efectividad y generando satisfacción, son los de periodismo, comunicaciones, seguros, sector inmobiliario, comercio, logística, agricultura, viñedos, banca y finanzas; y ofertando la posibilidad de hacerse presente en áreas como telecomunicaciones, milicia, transporte, viajes y turismo, automotriz y manufactura. La experiencia de quienes ya lo han incorporado y los magníficos resultados que reciben, abrirán las puertas a un universo extenso y muy amplio por atender.

Utilidades bastante curiosas ¿Verdad? Y pensar que la gran mayoría de personas relaciona la plataforma de Blockchain solo Bitcoins y el sistema criptográfico. Otras cuantas aplicaciones, mucho más sorprendentes son utilizadas con esta tecnología, logrando reducir a cero los niveles de fraude en votaciones electorales, seguimiento de animales en el sector agrícola o en la identificación única de diamantes.

Ahora bien, si no conocías estas otras utilidades de Blockchain, ya tienes un conocimiento más completo de lo mucho que esta puede llegar a ofrecer a favor de la sociedad.

ICOs (Initial Coin Offerings)

Los ICOs, son una oferta inicial de moneda, y la financiación de un proyecto empresarial. ICOs busca en su concepción fundamental financiar el nacimiento de una criptomoneda nueva, al mejor estilo Bitcoin o Ethereum. Se trata de tokens virtuales en poca cantidad, con protección criptográfica, que gozan de un determinado valor debido a su escasez y a su demanda. Estas monedas digitales nacientes son muy útiles para hacer pagos de manera bastante económica y para almacenar valor, ya que algunos mercados los intercambian por dinero real.

Mediante el proceso de minado, las criptomonedas se van creando a lo largo del tiempo. Los mineros ponen a favor del proyecto toda su potencia computacional, lo que permite un funcionamiento eficaz del sistema y por ellos reciben por ello sus ganancias por las monedas minadas que figuran de forma espontánea y aleatoria como por las comisiones recibidas al verificar las transacciones comerciales que se producen entre los usuarios de la criptomoneda.

Cuando una persona decide dar vida a una nueva moneda digital, debe cumplir varios pasos básicos. El primero es diseñar la moneda, luego implementarla por medio de un software, para finalmente poner dicho software a disposición de la comunidad y así se manifiesten los mineros, quienes soportarán la actividad de esta moneda nueva.

Todo este proceso tiene sus costos y la forma específica de financiar el proyecto es por medio de una ICOs. Los desarrolladores realizan un minado previo en privado y a puerta cerrada para ofrecer la nueva criptomoneda a cambio de otras monedas ya circulantes, como por ejemplo Bitcoin, y que también sean intercambiables por dinero real de curso legal.

Una ICO consiste en ofrecer a un grupo de inversores iniciales, las nuevas monedas a cambio de dinero físico fiat. De allí parecido a un *crowdfunding*, por ser esta una comunidad libre de usuarios quienes se integran para financiar un proyecto por ellos mismos, sin que exista o haya la participación o intervención de organizaciones externas, centralizadas o algún tipo de intermediarios.

NFTs (Non Fungible Tokens)

Con solo 15 años de edad Mark Cuban incursionó en un mercado que le ayudó con sus estudios y también a obtener, con el paso de algunos años una gran fortuna; viendo en el mercado filatélico la oportunidad de comprar sellos en 15 centavos para venderlos unas cuadras más adelante en 25$ cada uno. Cuban es un inversor multimillonario, propietario de los Dallas Mavericks de la NBA.

Él pudo captar esa magia de cómo un simple gusto por el coleccionismo, le daba tanto valor a un bien físico. Ahora cree fielmente en el poder de los NFTs (Non Fungible Tokens), que son la versión digital de los sellos, las artes o cualquier otro elemento tangible o intangible al cual las personas le confieran determinado valor. Estos activos cada día ganan más terreno y viajan a la par de la cultura en la cual blockchain y las criptodivisas se encuentran absolutamente integradas.

Una tarjeta digital de Pokémon es un buen ejemplo para explicar de manera muy simple y sencilla la tendencia que tiene ese nuevo formato de sello coleccionable, donde el concepto continúa siendo el mismo al que se dio hace unos años con la famosa y sorprendente fiebre de los criptogatitos (Cryptokitties), que de hecho sigue activa y cotizándose a precios verdaderamente absurdos para muchos. ¿Por qué un avatar digital de un gato llegó a costar 115.000 dólares? Muy sencillo, un grupo suficiente de personas creyó y consideró que su precio era efectivamente ese. No hay otra respuesta.

Inversamente a lo que sucede con las criptodivisas, con los NFTs no es posible hacer intercambios entre ellos, tan sencillo porque no existen dos NFTs que sean exactamente idénticos y que ambos tengan incluso, el mismo valor: tu carta de un criptogatito es única, como también lo es una obra de arte virtual o cualquier otro bien intangible que conecte con este concepto.

Los NFTs son activos digitales en consonancia con la idea de que: "De lo que tocas y ves, a lo que no tocas, pero si puedes ver". Siempre le hemos dado valor a aquellos bienes tangibles que además de ver, hemos podido tocar, ahora lo hacemos más a aquellos bienes que vemos, pero que probablemente no podremos tocar. Las criptomonedas son una aproximación bastante clara a ese principio, pero los NFTs se encuentran en una bien marcada delantera, infiriendo reserva de valor a objetos más dirigidos al coleccionismo.

Tenemos una analogía muy explicativa entre un NFT y una entrada al teatro. En la entrada hay información detallada de la fecha, hora, lugar, valor, artistas, nombre de la obra, etc. La entrada como el NFT, son únicos y personales.

La gran mayoría de estos tokens, que pueden ser sellos, obras de arte o criptogatitos; están basados en los estándares de la red Ethereum y su cadena de bloques, lo cual permite una facilidad al momento de hacer transacciones de compra y venta con ellos.

Los NFTs reúnen ciertas características. Extrañamente únicos e irrepetibles, no son interoperables, indivisibles, indestructibles, propiedad absoluta y por último son verificables.

Regresamos con Mark Cuban, creyente absoluto de estos activos virtuales. Para Cuban, los NFTs son el futuro definitivo de los negocios, y lo citamos: *"Esta generación sabe que un contrato digital y el activo digital que representa a un criptoactivo son una mejor inversión que el tradicional activo que puedes ver, tocar o sentir"*.

CAPÍTULO 5

EL MÉTODO DE INVERSION MAS USADO EN EL MUNDO DEL BITCOIN

E l Precio del Bitcoin y la especulación. ¿Quién controla los precios de los tokens?

Uno de los riesgos más grandes que puede sufrir la salud del mercado para Bitcoin, es el efecto que sobre él mismo tiene la especulación por parte de un pequeño grupo de inmensos capitales.

La especulación es una parte fundamental que afectó con gran impacto a todos los mercados. En realidad, si no hubiese especulación acerca del precio futuro de los activos que poseemos y adquirimos. No podríamos estar seguros de invertir en absolutamente nada.

Los movimientos diarios del mercado para todos los activos y fondos financieros, dependen en su mayoría de la especulación. No solo de la especulación por parte de los inversionistas en consideración a los futuros retornos de su inversión, sino; la especulación de capitales que ingresan en el mercado únicamente para comprar o vender, aspirando obtener de ellos, más ganancias en el menor lapso de tiempo posible.

Estos son los tipos de capitales que vende Bitcoin, cuando por ejemplo los contratos futuros de la Chicago Mercantil Exchange (CME) están próximos a vencer, todo ello con el propósito de tirar el precio spot del Bitcoin, y de esta forma obtener una ganancia a partir de la pérdida del mercado; o por el contrario son los capitales que, en medio de la carrera alcista de una moneda digital, comienzan a comprarla con desespero esperando venderla en muy poco tiempo a un mayor precio. Lo que genera un enorme incremento de la demanda, que lleva a los precios mucho más allá de su crecimiento natural. Y por ende un incremento posterior en la oferta para cuando estos capitales se retiren.

Tristemente, este es el tipo de inversión elemental en el mercado de monedas virtuales, y especialmente; el tipo de inversión básica inmerso en el mercado de Bitcoin. El cual se ve afectado frecuentemente por vaivenes especulativos, que impulsan o desploman el precio del Bitcoin según les convenga.

¿Cuál es la razón detrás de este control de la especulación? Substancialmente la falta de discernimiento que aún existe en el mercado de Bitcoin. Figuran tan relativamente pocos inversionistas en el mercado, que apuntan hacia el Bitcoin como un activo rentable por su valor en sí mismo. Que unos escasos grandes capitales, son atrevidos en agitar todo el mercado, por su peso relativo de cara al resto de la comunidad.

Se espera un aumento del Bitcoin: Y es esta la predisposición especulativa que al parecer no tiene última etapa a la vista. Por el contrario, y mientras no sea posible lograr una masificación total del Bitcoin, esta criptomoneda será manejada por las fuerzas del mercado especulativo que no controla.

Precisamente por este motivo, son tan importantes los informes como los publicados por Skew Market, en los cuales, se hace una lectura referente al precio que esperan los inversionistas para el Bitcoin en el año 2022. Resultando que un poco más del 10% representativo de agentes activos en el mercado bursátil, financiero y criptográfico comienzan a estimar, divulgar y esperar un incremento de altísimo nivel para la moneda sobre la cotización representada en la actualidad.

El valor de un bien, activo etc. se ve afectado por la especulación no solo de posibles proyecciones estadísticas, sino también por acciones sociales-culturales divulgadas o no en la red y concebidas fuera de ella, por situaciones gubernamentales y políticas; a pesar de que las criptomonedas y el mercado digital, son un recurso libre y distante de estos escenarios.

Estas estimaciones representan una importante consideración hacia la cotización del Bitcoin y lo que sería su futuro valor. Y resulta muy interesante que sea con base en la apreciación de un grupo representativo importante del mercado, en especial cuando en estos momentos tan importantes para el precio del Bitcoin y su comunidad. La moneda ha venido tomando fuerza, ubicándose actualmente en torno a los 50.000.00 dólares por unidad.

Y, aunque no cabe ninguna duda que en efecto el Bitcoin podría llegar a alcanzar valores importantes progresivamente. El hecho de que para el momento, pareciera no haber eventos puntuales que impulsen a la moneda, no es motivo para que la misma mantenga su carácter alcista. Más allá de la emoción generada por sus recientes crecimientos logrados. Nos podría hacer creer y llevar a pensar que este es un sentimiento meramente especulativo, y por tanto representando cierto nivel de riesgoso para la propia salud del mercado de Bitcoin.

¿Quién controla los precios de los tokens?

Según William Mougavar, autor del libro "The Business Blockchain", un token se define como "una unidad de valor que una organización crea para gobernar su modelo de negocio y dar más poder a sus usuarios para interactuar con sus productos, al tiempo que facilita la distribución y reparto de beneficios entre todos sus accionistas".

En el entorno criptográfico actual, pareciera que emitir una nueva moneda es una capacidad que aparenta estar más allá de los bancos centrales. El caso más que mas lo ejemplifica, lo encontramos y tenemos con Bitcoin, y cómo desde un entorno privado se puede colocar en el mercado, con todo el apoyo tecnológico que ofrece Blockchain, una moneda virtual, claro está; con muchas restricciones por la falta de un marco jurídico que la regule. Bitcoin es solo la génesis de toda una revuelta cuyo segundo paso bien podría estar en los tokens.

Un token o ficha, traducido al español; en realidad no es algo más que un calificativo reciente para una unidad de valor emitida por una entidad privada. Un token guarda importante parecido con Bitcoin, ya que tiene un valor que es aceptado por toda una comunidad y se establece en la Blockchain, y es también a la vez un concepto más amplio. Un token es más que una moneda, ya que tiene más usos. Igualmente, la gran mayoría de los tokens se asientan sobre el protocolo de Blockchain Ethereum, más completo, según los expertos, que la *Blockchain* de *Bitcoin*.

Los cambios principales para conocer el valor y luego comercializar en token, son generados en la actualidad por exchanges, dentro de los cuales cabe mencionar a los más importantes. Bithumb, AscendEX (Bitmax), Bithumb Global, y Kyber Network. Sin embargo, y como hemos visto en otras líneas; el valor de las criptomonedas incluso de los tokens, se basa fundamentalmente en la confianza, en la oferta y la demanda de los mismos. Ya que, al igual que las demás monedas digitales, son descentralizadas y emitidas por un ente privado y sin mediadores.

Riesgos y mitigaciones a tener en cuenta. Riesgos de mercado

Los riesgos de realizar operaciones y negociar por medio de criptomonedas están relacionados básicamente por su volatilidad dentro del propio mercado. Ya que representan en todo momento un riesgo muy elevado. Es muy importante comprender y estar al tanto de los riesgos a los que se está sujeto, antes de emprender o iniciar una inversión en criptomonedas. Todos los activos económicos y financieros conllevan a un alto nivel de riesgo, ya sea a través del uso del apalancamiento, por técnicos poco éticos dentro del trading o la volatilidad misma del mercado objetivo.

Veamos cuáles son los riesgos más comunes a los que nos podemos enfrentar y los cuales que hacen a las criptomonedas representen un posible riesgo de inversión:

- **Volatilidad:** Los cambios intempestivos en la susceptibilidad del mercado pueden provocar fluctuaciones imprevistas y contundentes en su precio. No es extraño que el valor de las criptomonedas sufra caídas potentes y repentinas por cientos e incluso miles de dólares.
- **Sin regulación:** Las criptomonedas no se deben a gobiernos ni a bancos centrales, ellas no están reguladas ni supervisadas por ente alguno. Sin embargo, cada día y conforme a la dinámica que vemos frecuentemente, están

llamando poderosamente la atención. De hecho, hay inquietudes sobre si se les debe clasificar y considerar como materias primas o como monedas virtuales propiamente dichas.

- **Susceptibles a errores y ataques informáticos:** No existe la fórmula perfecta o la forma más idónea de evitar fallas técnicas, errores humanos o ataques informáticos a la red.
- **Sujetas a bifurcaciones o interrupciones:** La actividad financiera y comercial con operaciones por medio de criptomonedas como recurso de pago, entraña muchos riesgos adicionales, como las bifurcaciones duras y las interrupciones. Quien se encuentre inmerso en el mundo de los criptoactivos, precisa tener en cuenta qué riesgos pudiese enfrentar antes de operar con estos productos. En el caso de bifurcaciones duras, es probable que haya mucha volatilidad en los precios y es posible que sean suspendidas las operaciones si no se dispone de precios fiables del mercado subyacente.

La moneda tiene dos caras y esta que acabamos de ver quizás nos produzca un efecto o sensación de alarma. Demos vuelta y veamos qué hay del otro lado; y de esta manera buscar los medios o recursos que nos permitan mitigar estos riesgos. Cuatro aspectos puntuales y que a nivel financiero han sido importantes son los siguientes:

- **Aceptar el riesgo como una posibilidad inherente a las actividades de la red.**

Entender que se forma parte de una comunidad globalizada universal, en la cual y por lo general no se conoce a sus creadores y participantes.

- **Reducir el riesgo mediante estrategias de control.**

Monitorear, supervisar y chequear cada actividad, movimiento y transacción realizada en las plataformas de las cuales se es usuario, resguardo accesos, claves y demás opciones de ingreso.

- **Transferirlo a un tercero que pueda manejarlo.**

No significa que el riesgo lo asuma otra persona, se trata de buscar las orientaciones y ayudas necesarias que permitan aportar las soluciones requeridas más expeditas por parte de conocedores en la materia y especialistas en riesgos informáticos.

- **Evitar actividades que generen inseguridad.**

Buscar toda la orientación que sea necesaria con los demás miembros y usuarios de la red más experimentados y que conozcan detalles claves operativos de los servicios, operaciones y transacciones; junto a las herramientas complementarias mejor adaptadas a las características de la cuenta. Se trata de movilizar fondos e invertir con seguridad y confianza

- **Educación y formación.**

Mantenerse al día, actualizado y debidamente informado con respecto a las novedades, cambios, ofertas, servicios y demás dinámicas que genere la plataforma de la cual formamos parte; participando de sus publicaciones, redes sociales y foros para así estar lo más actualizado sobre sus actividades.

- **Exchanges**

No todos los exchanges descentralizados o non custodial son fieles al concepto de seguridad, pero están siempre dispuestas a seguir ofreciendo un servicio más seguro que los exchanges centralizados.

A pesar de que una gran cantidad de los exchanges centralizados, todos especialistas en el manejo de criptomonedas fueron víctimas de múltiples ataques tecnológicos y hackeos, que juntos llegaron a sumar un monto estimado en casi 300 millones de dólares durante el año

2019, muchos traders en criptomonedas aún se mantienen firmes aportando sumas importantes de capital en sus exchanges centralizados.

Aunque en los últimos años y al presente se han puesto y se ponen en marcha cantidades de servicios desarrolladores especialistas en criptomonedas que operan de forma descentralizada, pocas son las plataformas que han logrado percibir una liquidez significativa.

¿Son más seguras las plataformas no custodiadas?

Erik Voorhees, director general para el exchange en criptomonedas "Noncustodial" ShapeShift, aseguró en una ocasión que los intercambios no custodiados están en la capacidad de proporcionar al mercado y a sus usuarios una forma de estructura y fundamento más segura para que las personas puedan comerciar con activos digitales confiables.

- **Liquidez**

El riesgo de liquidez es la pérdida potencial y la imposibilidad de renovar o contratar pasivos en condiciones normales para una entidad financiera centralizada, por la venta previa o forzosa de activos a descuentos fuera de lo común para hacer frente a ciertas obligaciones o bien por el hecho de que algo no pueda ser vendido o adquirido.

El riesgo de liquidez se genera cuando una de las partes participantes posee activos de interés, pero no dispone de la liquidez necesaria para asumir sus compromisos. En el supuesto que la persona no pueda hacer frente a sus deudas a corto plazo ni aun colocando en venta su activo corriente, esta sociedad se encontrará ante una situación de iliquidez. Otra situación que se puede presentar, es que el usuario de una red criptográfica se encuentre en una etapa de pérdidas en sus negocios, hasta que llega a un punto en el que no se le hace sostenible el manejo y sustento de sus valores digitales.

- **Wallets**

En el mundo digital, dada su facultad de permitir al cibernauta la posibilidad de crear e innovar desde lo más elemental, se hace evidentes una serie de amenazas que ponen en riesgo y afectan, entre muchos; el sector financiero, donde las criptomonedas suelen ser muy apetecibles, generando ataques e invasión a datos en almacenes y transacciones virtuales.

Los riesgos y amenazas más comunes que incluso pueden llegar a afectar tu secreto monedero digital, serían:

- **Utilizar proveedores digitales sin prestigio y garantía comprobada en la red.**

La bifurcación de plataformas digitales se ha convertido en una ocupación predilecta por los atacantes informáticos. Al buscar un proveedor de servicios criptográficos, se debe procurar verificar que su dominio corresponda a una web segura y genuina.

- **Protección simple a tu identidad**

Se aconseja utilizar claves de que realmente garanticen el resguardo de tu identidad, evitando el uso de seudónimos y códigos de fácil predicción: PEDRO1234

- **No respaldar las wallets**

Es recomendable efectuar actualizaciones frecuentes a tu cartera digital, utilizando diferentes medios, recursos y locaciones para mantenerlos **cifrados** y así conservar un producto tan importante como una wallet, segura y bien protegida

- **No cifrar la billetera**

El cifrado de la billetera es determinante, primordialmente cuando esta se encuentra almacenada en una red online. Como es de suponerse y por más atención que pongamos en establecer claves de acceso y contraseñas robustas, siempre serán sensibles a violación. Por tal motivo es recomendable utilizar la herramienta DESlock+ para cifrar los archivos que contengan cualquier información sensible.

- **Usar wallet solo en dispositivos móviles**

¡Cuidado! En particular si de movimientos por altas sumas de dinero se trata. Un teléfono móvil celular se puede extraviar y con él se iría información crucial además de datos importantes que pueden ser muy vulnerables.

CAPÍTULO 6
LA MANERA MAS EFICAZ DE HACER TRADING CON BITCOIN

Principios básicos del trading de criptomonedas

Primero definamos el trading como la actividad que consiste en la compra y venta de activos cotizados en la red con mucha liquidez de mercado representada en acciones y divisas. Ese mercado financiero es electrónico y está regulado. Su objetivo principal es obtener una utilidad y un beneficio económico cuando la operación genera una plusvalía.

El trading es un tipo de operación y actividad bursátil de carácter especulativo, por lo que está radicalmente sometido a los vaivenes del mercado. Sus operaciones se basan en comprar un activo a la mejor tarifa para luego venderlo a un precio mayor y superior o para comprarlo de nuevo por un costo más bajo.

A continuación, una breve y básica descripción de ideas que los traders deberían considerar para obtener mejores resultados. Las afirmaciones se aplican en esencia para el mercado de divisas e igual aplican como orientaciones generales para los traders.

Disponer de tiempo

Evitar caer en el error más común cometido por los traders producto de la impaciencia. Activar una posición demasiado rápido y a su vez elegir un tamaño de posición demasiado grande. No ir rápido

Pequeñas operaciones

Mantener posiciones relativamente pequeñas. Lo cual dará excelentes resultados ante ofertas o demandas de alto valor y que en la red no pueden ser predecibles.

Comportamiento de rebaño pasivo

Cuando una fase de mercado se mantiene lo suficiente, la relación entre los traders de seguimiento tendencial y la reversión media es cada vez más unilateral. Se genera un movimiento atractivo e interesante de gran interacción, aumenta la demanda, suben los valores y todos quieren comprar. Se pueden dar ganancias o pérdidas. Sin embargo, muchos traders seguirán esperando y se mantendrán pacientes hasta el último momento, de modo que los movimientos se intensificarán hacia el final del día, en el que se consideran más los indicadores de continuación tendencial, en especial los días viernes.

Mantener una reserva

Debido a la gran capacidad del mercado para maximizar el espectro, es importante mantener una reserva de capital. La cantidad óptima y recomendada es el 50% del capital de trading.

Tomar beneficios

Para ganar más dinero, es igual de importante generar ganancias como limitar las pérdidas. No nos debemos dejar engañar por el aparente éxito y logro de algunas posiciones individuales. Se debe obtener ganancias. Es necesario establecer un objetivo firme y factible desde el principio y fijarse o anclarse él para lograrlo.

Riesgos del trading y beneficios (Trading a largo y corto plazo)

En la relación de Riesgo-Beneficio para el trading, los analistas convergen en un tema muy discutido y controversial, ya que mientras algunos operadores afirman que es totalmente improductivo, otros lo valoran como el Santo Grial del e-commerce el cual debería ser parte de toda estrategia para la negociación.

En esencia, la relación de riesgo-beneficio ayuda a cuantificar la distancia desde la entrada hasta el stop de pérdidas y desde la entrada hasta la orden de toma de beneficios y luego hace una comparación entre las dos distancias. Cuando el operador conoce bien la relación de riesgo-beneficio de sus operaciones, tiene la facultad de calcular fácilmente la tasa de ganancia demandada. El operador puede comprobar cómodamente si la relación de riesgo-beneficio es lo suficientemente grande para su tasa de ganancias promedio o si debe evadir una operación cuando la relación de riesgo-beneficio es demasiado pequeña.

A menudo nos encontraremos con comentarios de operadores que dan por garantizado que la relación riesgo-beneficio es inútil, lo que no podría estar más lejos de la verdad. A pesar de que la relación de riesgo-beneficio por sí sola no tiene valor, cuando se utiliza en combinación con otras métricas del trading, de manera inmediata se convierte en una de las herramientas de negociación más poderosas.

Las estrategias de trading a largo plazo son aquellas que se tienden a prolongar a lo largo de todo el día o incluso varios. Existen de igual manera estrategias a plazos mayores, estos son mucho menos habituales en un mercado como el de Forex, que se determina por su gran laboriosidad a la hora de invertir. Una táctica que se mantiene abierta de un día para otro se considera ya a largo plazo en el mercado de las divisas.

Para nada estas estrategias son recomendables para quien recién llega a la plataforma, debido a que realizar predicciones a largo plazo requiere de un análisis preciso y fundamental más profundo y un estudio técnico que tenga muy presente mayores variables. Es por ende una estrategia considerada más bien para personas con unos grandes conocimientos del mercado y una cierta trayectoria en el campo de los inversores.

Las estrategias a largo plazo no necesitan la atención constante del inversor y gracias a las órdenes Forex es posible establecer un stop loss, limitando las pérdidas que la operación pudiese producir. Mientras que, como contras, nos encontramos con la existencia de una gran "sangre fría". Hay operaciones tan atrayentes y codiciadas, que el inversor se resiste a abandonarlas, más si una caída en la cotización genera pérdidas de dinero, ante de brindar beneficios.

Hablar de trading a corto plazo significa, como la propia frase lo indica, adquirir y comercializar valores en un espacio de tiempo breve, incluso, en un mismo día, en horas y hasta en minutos. Si un usuario no está con este sistema, podría perder dinero suficiente. Por ello, es recomendable conocer algunas estrategias para hacer trading a corto plazo.

Existen pautas diferentes que funcionan muy bien para operar con valores en un corto espacio de tiempo. A continuación, compartiremos las más sencillas, en modo principiante. En tal sentido, es importante manejar un poco de terminología bursátil. Así, hablamos de entrar "largos" en una transacción cuando compramos para después vender.

Por otro lado, entramos "cortos" cuando vendemos para luego comprar, la plataforma ofrece brókeres que te permiten esto. Igualmente, es preciso conocer que, para operar a corto plazo, el momento ideal para entrar en un valor es cuando su precio rebota. A partir de entonces, se pueden aplicar ciertas estrategias.

- Comprar activos en el momento que se encuentren en su punto más bajo, luego comenzarán a subir.
- Abrir corto, es decir; vender cuando se está produciendo una tendencia a la baja de un valor y se produce una resistencia.
- Largos en contracorriente cuando haya tendencia a la baja, para comprar un valor cuando su precio se haya excedido en la caída.
- Cortos en contracorriente para un valor que potencialmente su valor.
- Técnica de la plancha, la cual consiste en entrar a un valor con mucho cuidado.

Es como cuando no sabemos si la temperatura de la plancha está muy alta, siempre la tomamos con cuidado. Igual ocurre con un valor, el cual creemos está en tendencia a subir. Vamos invirtiendo en él desde pequeñas cantidades esperando se cumpla la percepción de su subida.

Dónde hacer trading. Los más seguros: Coinbase Pro, Binance, eToro

Por ser una actividad de compra y venta por excelencia, con interesante proceso pormenorizado de seguimiento de valores desde la web, y dado su crecimiento global el cual se estima en más de ocho millones traders aproximadamente, surgen plataformas estrictamente diseñadas para satisfacer las necesidades operativas de tan interesante y lucrativo mercado, en el cual mucho pierden, otros pocos ganan.

Las plataformas dispuestas para el trading son el mejor recurso y apoyo indispensable para quienes incursionan y operan en el mundo del mercado digital. Estas herramientas constituyen un soporte magno de trabajo fundamental para cualquier inversor que se dedica a los mercados financieros a través de internet.

Se trata pues, de un software especial y diseñado para dar soporte a los análisis del mercado, recibir en vivo los precios de los instrumentos financieros necesarios disponibles para así invertir y abrir, controlar y cerrar posiciones según las decisiones que el trader vaya determinando, y según sus fondos de valores crea oportunas.

Elegir la plataforma más conveniente, al que mejor se adapte a tu perfil es básico para tener éxito y excelentes resultados en la gestión operativa.

Hacer trading online o lo que algunos definen como especular sobre los mercados financieros en la web, se traduce en aprovechar los cambios y fluctuaciones en los precios de los activos para así ganar dinero un punto crucial; entre la compra y la venta, ya es posible vender un producto que no te pertenece.

El trading online, además, se caracteriza por ser un software accesible para cualquier persona que con un ordenador y acceso a internet tiene oportunidad de ingresar a la web. Para quien busca iniciarse como trader y comenzar a navegar este mar posibilidades criptográficas, la recomendación es dar sus primeros pasos guiados de la mano apoyados por los conocimientos y habilidades de un broker.

Un broker es una entidad o empresa financiera encargada de ejecutar órdenes de compra y venta; por lo cual recibe honorarios por sus respectivos servicios profesionales. Un broker o corredor de bolsa, como también se les conoce, cuenta con licencia para la compra y venta de acciones en los mercados bursátiles. Los traders necesitan de un bróker para operar en estos mercados propiamente dichos.

La principal función que debe cumplir un broker financiero es la de garantizar el funcionamiento correcto del mercado, además de brindar una plataforma integral a favor de lo traders, para así puedan operar y con los lineamientos adecuados y seguros a través de ella.

Aprendiendo a hacer trading en tres sencillos pasos:

- Se debe seguir sin dudas, las estrategias de quienes obtienen buenos resultados: Significa esto que dentro de cualquier campo en el que nos encontremos, debemos tener nuestras reservas de aquellos que no obtienen resultados. Por tal motivo, debemos aceptar el asesoramiento de los expertos y más conocedores en la materia.
- Tal como cuando una persona se dirige al gimnasio para cumplir con su entrenamiento de rutina o se acondiciona para escalar una montaña, igual un futuro trader o quien ya tiene experiencia, debe instruir y aplicar lo aprendido en este camino, así poder valorar los resultados desde una perspectiva en primera persona.
- Comenzar con la utilización de perfiles bajo riesgo y de capital limitado para que de esta manera se adquiera seguridad, dando así el primer paso sin temores ni miedo, con la convicción de que, en cada transacción, se aprenderá algo nuevo.

Algunas plataformas de trading más recomendadas:

- **NAGA:** Considerada la aplicación de trading más completa.
- **ProRealTime:** Característica por ser una plataforma *multibroker*.
- **MetaTrader:** Especializada para las inversiones en Forex.
- **NinjaTrader:** Plataforma que brinda acceso a los mercados de futuros y de divisas

Haciendo Trading con Coinbase Pro

En este contexto el trading a través de la plataforma Coinbase Pro es resulta suficientemente sencillo, y se traduce en la compra y venta de criptomonedas con el propósito de obtener ganancias. Esto significa que en Coinbase Pro podremos hacer intercambios de nuestra moneda fiat por criptomonedas o estas por otros pares, tales como Bitcoin por Ethereum o Litecoin por Bitcoin Cash, entre muchas otras opciones.

Coinbase Pro goza de gran prestigio tras disponer de dos tipos propios de operaciones que le hacen diferente a otras plataformas. Si el sistema operativo dispone de las órdenes *limit* y *stop,* así como el sistema de gráficos e indicadores disponible.

Orden Limit

Veamos un ejemplo muy práctico para entender la orden Limit de Coinbase Pro.

Supongamos que el precio de una criptomoneda al día de hoy es de 200$, sin embargo no estamos dispuestos a pagar tal cantidad de dinero y creemos que una buena oferta podría ser 180$. Por tal motivo publicamos una orden límite por 180$ y, en el caso de que el precio caiga a esa cifra, la compra se realiza de forma automática e inmediata.

De esta manera hemos creado una oferta y a su vez atentos a la posibilidad de hallar algún comprador. No hemos simplemente comprado al precio del mercado como en una orden market, fuimos creadores de una oferta.

La más relevante y mayor ventaja que tiene una orden *limit* en Coinbase Pro, como hemos mencionado anteriormente, es que no aplica comisiones ni cargos extras.

Orden Stop

Este es un tipo de orden ideal para darnos protección frente a movimientos imprevistos del mercado. Gracias a esta herramienta de Coinbase Pro podremos añadir un *stop-loss* por medio del cual nuestra orden se cancela una vez llegado el valor a ese precio en concreto.

Haciendo Trading con Binance

En Binance Exchange tenemos a la mano una plataforma tecnológica para *trading* en la cual es posible operar con Bitcoin, demás criptomonedas y sus derivados, con interfaces perfectamente adaptables a cada nivel de experiencia y exigencia como *trader*. Este portal brinda además la alternativa de realizar transacciones y operaciones con apalancamientos que alcanzan hasta los 10x.

Con solo realizar el registro básico de una dirección de correo electrónico y sin pasar por ningún proceso de verificación de identidad, ya se es parte de la plataforma Binance, que te permite dar inicio al proceso de hacer trading tras un límite de retiro máximo diario de 2BTC.

El trading fácil desde la plataforma Binance es el conocido intercambio entre criptomonedas. En él, solo debes buscar y seleccionar las criptomonedas que desees intercambiar y ejecutas la transacción. Su funcionamiento es muy similar al de los servicios de intercambio que se encuentran en ShapeShift o Changelly, con la salvedad de que los intercambios sean realizados de manera interna, dentro de tu wallet de Binance.

Para realizar esta modalidad de trading, primero es necesario disponer de saldo en tu cartera Spot de Binance. Luego deberá ser seleccionado el botón trade en el menú superior, y dese de la lista desplegable seleccionar la opción fácil.

Cada criptomoneda tiene un tope mínimo y un máximo para realizar intercambio fácil. Para Bitcoin son 0,002BTC como monto mínimo de operación.

En el recuadro de trading fácil deberás elegir criptomoneda a tramitar y enviar junto con el monto de la operación. Por otro lado, deberás colocar en el recuadro que te aparecerá en el inferior, la criptomoneda que querrás recibir. Una vez hecho todo lo indicado, presionas Pre visualizar conversión.

Antes de cerrar la operación trade fácil, un cuadro de confirmación aparecerá en pantalla con los detalles del trámite.

Desde este pequeño recuadro, donde debe confirmada la transacción, se aprecia el monto total que será recibido en la criptomoneda seleccionada, junto a la tasa de cambio. Dentro del botón confirmar se encontrará un contador de 30 segundos indicando que el precio de intercambio estará congelado por ese periodo de tiempo. En caso de no aceptar, el proceso debe ser reiniciado. Así mismo, al confirmar, el intercambio se realiza de forma inmediata y el saldo disponible en tu wallet puede ser verificado.

Haciendo Trading con eToro

eToro está considerada por la comunidad como la plataforma para el trading social líder en la red, por ofrecer una destacada variedad de servicios a todos sus usuarios y una amplia gama de instrumentos financieros de punta. Entre sus funciones más destacadas se encuentra el "copy trading", el cual permite emular las operaciones de otros inversores en la misma plataforma. Destaquemos esta herramienta, que conviene dar a conocer.

El Copy Trader de eToro o copia de operaciones, resulta ser la función más destacada y popular de eToro, la cual permite visualizar lo que otros inversores están haciendo en tiempo real y tener la posibilidad de copiar sus operaciones automáticamente. Además, Copy Trader, permite dar seguimiento, compartir y entrar en contacto con cualquier usuario o inversor en cualquier lugar del mundo, directo desde la plataforma.

Adicional a lo anterior, el Copy Trader permite a quienes se están iniciando y a su vez están aprendiendo los fundamentos primordiales de los mercados, beneficiarse de la experiencia por parte de los mejores inversores, copiándolos y replicando al instante sus inversiones en su propio portafolio.

Hacer un Copy Trader de los demás inversores no genera al usuario cargos extras o comisiones por gastos de gestión ni ningún otro cargo adicional. Dado que, por sólo pertenecer al programa y ser copiados, estos inversores obtienen sus ganancias como Popular Investor. El importe mínimo por hacer un Copy Trader a otro inversor es de $200-

El Copy Trading de eToro no es solo copiar operaciones que han realizado otros inversores, sino que es todo un entorno en una comunidad colaborativa de inversores a corto y largo plazo, en donde es posible relacionarse, compartir y aprender. Con el uso óptimo de esta herramienta y un manejo apropiado, se pueden visualizar millones de portafolios, estadísticas, clasificaciones de riesgo, y aún más de otros inversores dentro de eToro.

CAPÍTULO 7
BITCOIN MAXIMALISTS Y PORQUE DEBES ESCUCHARLOS

U n influencer es una personalidad que goza de cierto nivel de popularidad, credibilidad y simpatía a través de las redes sociales, convirtiéndose en su propio producto, tema o destacando otro en concreto, bien sea marca o servicio; entre otras cualidades referencias más.

Hoy por hoy, las redes sociales han disparado un sin número de talentos, sucesos, hechos, personalidades, etc. mostrándonos y dándonos a conocer el mundo como nunca, tal cual es, en directo y tiempo real sin importar hora y distancia. Las redes son un boom de información, recreación y educación indetenibles que están dispuestas y disponibles a cada segundo.

Y tratándose de talentos, personas conocidas y productos, hay un sector que tiene un menú gigante de alternativas en la red, se trata nada más y nada menos que del financiero. Dedicaremos este capítulo para dar a conocer o recordar, según sea el caso; a dos figuras que gozan de la admiración en la comunidad que los sigue y quienes han compartido sus charlas y presentaciones online o presenciales. Nos referimos a Sunny Decree (Suiza) y Davincij15 (Chile).

Davincij15
Vloguero con sede de su canal YT en Chile

Dedicado al análisis técnico sobre Bitcoin, Ethereum y criptos.

En su canal de YouTube, habla sobre cómo ganar a través del negocio criptoactivo.

Davincij15 cree que Bitcoin liberará a la humanidad de la esclavitud por las deudas.

Él cree que Bitcoin será el dinero justo y honesto del futuro.

Programador y generador de contenidos web que desde el año 2011 ha venido predicando que Bitcoin es el dinero del futuro y que la manera como está estructurado lo hace el medio más seguro para proteger tu dinero, estima, que veremos el valor de Bitcoin en al menos en $100,000 para el 2021 y que presenciaremos la transferencia de riqueza más grande que jamás hayamos visto.

Difunde sus videos en inglés y español subtitulado.

Sus redes sociales:

Instagram: @davincij15 – Seguidores: 10.9k

Twitter: @pandoraswallet_ - Seguidores: 4.571

Youtube: Dvincij15 – Suscriptores: 186.000

Bitcoin.org

PandorasWallet.com

Estatus: Activo

Sunny Decree

Vloguero con sede de su canal YT en Suiza.

Temática principal basada en el mercado digital criptográfico.

Analista financiero fundamentado en Bitcoin.

Análisis técnico económico con orientaciones adecuadas para principiantes en criptomonedas, y en especial inclinados hacia el Bitcoin y para operadores de apalancamiento experimentados.

El énfasis de sus publicaciones está en el análisis técnico del dinero digital y la predicción del precio de las criptomonedas.

Generador de contenidos mediante su canal digital de Youtube.

Difunde sus videos en inglés y alemán, aunque su canal está más orientado hacia el inglés.

Sus redes sociales:

Instagram: @sunnydecree.official – Seguidores: 10.4k

Twitter: @sunnydecree – Seguidores: 44,4k

Youtube: sunny decree – Suscriptores: 151.000

LinkedIn: Sunny Decree - + de 500 contactos

Estatus: Activo

Para diciembre de 2019 la plataforma digital YouTube suprimió un número importante de sus videos al punto que le ha suspendido transmisiones en vivo relacionadas con el tema de los criptoactivos, alegando que se trató por fallas originadas en los logaritmos del sistema operativo de dicho canal. Este suceso llamó la atención de los medios y en tres días su canal y servicios fueron restituidos. Actualmente Sunny Decree mantiene en operatividad su canal virtual.

La reciente importancia que los Influencers le han impregnado al marketing digital ha brindado un impulso y prestigio a bienes, productos y servicios que son promocionados, utilizados y consumidos por estas figuras de las redes sociales. Estas, las redes juegan hoy un papel innovador en la difusión de mensajes que invitan a tomar cierta posición ante un mensaje que busca impactar en positivo a la sociedad que hace vida a través de aplicaciones que viajan constantemente en nuestras manos

Los Influencers en la etapa actual del marketing digital son líderes de opinión en el mundo de las nuevas tecnologías; son personas comunes o figuras reconocidas que se han elaborado una muy buena reputación en sus redes sociales, blogs y sus páginas web; incluso en los novedosos y prácticos sistemas de mensajería instantánea, ya que comparten con su comunidad y seguidores sus experiencias, vivencias y conocimientos sobre un tema en particular, sobre el cual se convierte prácticamente en gurús para sus miles de fans.

Ya el término Influencers lo manejamos con más frecuencia y poco a poco las distintas generaciones se adaptan a esta nueva tendencia comunicacional. Tal vez hayas oído hablar de ellos, a quienes llamamos como *bloggers*, *youtubers* e incluso *instagramers*, pero, en definitiva, a todos los podemos llamar de la misma manera: *Influencers*.

CAPÍTULO 8

GENERANDO GANANCIAS PASIVAS CON BITCOIN Y OTRAS CRIPTOMONEDAS

C omo te habrás dado cuenta a lo largo del desarrollo del libro, actualmente hay varias maneras de generar dinero con las criptomonedas, hay muchas oportunidades. Mientras que hay algunas que son mas riesgosas (y dependen de tu habilidad) como el trading, las plataformas DeFi, etc, hay otras que son mas recomendadas y menos riesgosas, como por ejemplo realizar Hodl (mantener) de una criptomoneda y esperar que su precio suba, si bien este modelo de ganancia es absolutamente pasivo y especulativo, ya que es una estrategia a largo plazo, tenemos otras estrategias que también podrán ayudarte a generar ingresos pasivos, como lo es la estrategia que te voy a presentar a continuación.

Esta estrategia existe hace muchos años, es muy utilizada por los bancos actualmente, aunque en un mayor porcentaje de ganancia, **esta es generar interés con tus activos.**

En el mundo de las criptomonedas ya existe esta modalidad y esta liderada por una de las empresas mas confiables del ambiente: **BlockFi**, la cual esta amparada por el exchange Gemini y personas tan reconocidas en el ambiente como Anthony Pompliano.

BlockFi nos permite transferir nuestros fondos a la plataforma y generar un interés anual que va del 6% (para criptomonedas como

Bitcoin) o de casi el 10% con stablecoins (que son criptomonedas que están 1 a 1 con el dólar, como lo son el USDT y USDC por nombrar algunas)

Si te interesa esta modalidad, puedes abrir una cuenta de **BlockFi** en el siguiente enlace y **ganar $250 de Bitcoin gratis:**

Ingresa a BlockFi aquí y gana hasta $250 en Bitcoin

En caso de que estes leyendo este libro en la version impresa puedes escanear el siguiente código QR con tu móvil:

CAPÍTULO 9
DOMINA ETHEREUM

CAPÍTULO 10
ENTENDIENDO LA LOGICA DETRAS DE ETHEREUM

Comencemos por decir que Ethereum es una plataforma digital enlazada a la Blockchain o Cadena de bloques (Sistema tecnológico que permite administrar de forma personalizada, descentralizada, sincronizada y segura, toda la información de registros y movimientos generada por terminales computarizadas y demás dispositivos), y que expande su utilización a una amplia gama de aplicaciones en la red on line.

Ether (ETH), es la criptomoneda nativa de Ethereum; y está reconocida como la segunda moneda virtual más grande y poderosa del mundo después del Bitcoin. De tal manera pues, a partir de ahora sabremos identificar con claridad que Ethereum es la plataforma y Ether la criptomoneda, producto del ingenio que visualizaron dos jóvenes y se establecieron en el mundo como figuras públicas, reales, físicas e identificables.

Sabiendo que has dado inicio a esta fascinante lectura, y buscas hacerte parte de un recorrido por demás interesante, y realmente productivo en el cosmos de las criptomonedas; veamos los orígenes y fundamentos que inspiraron e hicieron posible la creación de Ethereum.

Ethereum es una plataforma para aplicaciones descentralizadas no monitoreadas, que gana día a día importancia, valor y reconocimiento; los cuales le hacen figurar como herramienta y recurso de interés financiero, al punto que renombradas entidades bancarias como la fusión mercantil UBS de Suiza, BNP Paribas de Francia y Barclays del Reino Unido, entre otros; ven en Ethereum solidez y prestigio, muy por encima de lo que ha venido representando actualmente el dinero tradicional.

Los orígenes de Ethereum, se remontan a finales del año 2013. Para entonces, dos jóvenes entusiastas y emprendedores, se embarcan en un proyecto exigente, con grandes características de nueva demanda y actualidad, con infinidad de detalles estructurales y la factibilidad de ser posible crearlo, afianzando un concepto financiero contemporáneo que impregnaría con un giro determinante todas las economías personales, corporativas y mundiales; un vuelco positivo y alentador.

Ya para el año 2014 y de manera formal, el proyecto Ethereum es presentado por vez primera, logrando así para el año 2015 finalizar su fase de programación, confección y diseño, logrando definitivamente abrirse camino y establecerse en el espectro moderno de los cripto-activos.

Ethereum fue creado por el inglés Gavin Wood y el Ruso-Canadiense Vitálik Buterin, cuando este tan solo contaba con 21 años de edad. Podemos dar por garantizado que la historia y orígenes de Ethereum, se remontan al año 2011. Para ese entonces, Vitálik Buterin tenía 17 años y se iniciaba como empleado en Bitcoin, desempeñando el cargo de programador. Viendo ciertas y determinadas fallas que arrojaba la plataforma de Bitcoin y algunas deficiencias operativas, Buterin decide emprender con la creación de Ethereum y desarrollar una tecnología Blockchain superior a la actualmente ejecutada, conocida y manejada por su casa contratante.

Buterin consideraba que Bitcoin no trabaja directa ni correctamente sobre los contratiempos que se suscitaban, él creía que solo se buscaban aplicaciones individuales, hecho este que le inspira a abandonar Bitcoin para dedicar tiempo, esfuerzo y creatividad a favor de su propio proyecto: La Plataforma Ethereum.

En la actualidad el desarrollo activo de Ethereum es operado por Ethereum Foundation, organización no gubernamental sin fines ni ánimos de lucro, fundada en el año 2014 y que se dedica a extender y ampliar el perfeccionamiento de Ethereum como plataforma tecnológica a favor de la comunidad mundial.

Es importante resaltar y reiterar que Ethereum en sí, no es una criptomoneda ni un protocolo de código abierto para la realización de programas de pago; es una plataforma para la operatividad efectiva de aplicaciones descentralizadas, desde la cual son ejecutados los sistemas operativos de diversas funciones y múltiples alternativas en la red. Todo esto ocurre desde lo que podríamos llamar su centro neurálgico, gracias a una poderosa máquina virtual conocida como Ethereum Virtual Machine (EVM).

Por tal razón es válido decir que Ethereum es un sistema operativo, distribuido a través de una red extensa y que muy distante de otros sistemas o plataforma; es 100% descentralizado, colaborativa y no está regido ni regulado por la tutela, dirección o gerencia de alguna entidad gubernamental, financiera o comercial.

Próxima a cumplir 6 años, la plataforma Ethereum ha experimentado desde su moneda virtual Ether; alzas y bajas de destacada importancia, sobresaliendo la experiencia vivida a principios de 2020 cuando su valor pasó de 130 $ a 285 $ a mediados de febrero. Situación que posteriormente y por temores a invertir tras la pandemia del COVID-19, llevó a Ether hacia un pico de bajada en solo una semana, cerrando en 107 $ el día 12 de marzo.

Hoy día y justo cuando redactamos este documento, Ether se encuentra en una posición privilegiada manteniendo su segundo peldaño como la criptomoneda más poderosa del mundo, cotizando por encima de los 4.012,00 $ al 13 de mayo de 2021. Si consideramos que, a dos meses de su lanzamiento, el 30 de septiembre de 2015 el valor se estableció en 0,71 $, al año llegó a 13,22 $ y un año más tarde en 1.351,00 $ el 14 de enero de 2018.

Su tendencia alcista se hizo notar con el boom de las criptomonedas en 2017 para luego comenzar un descenso que le hizo llegar a 199,26 $ del cual hemos visto una histórica recuperación que avizora un futuro interesante y muy alentador para la estructura global y plena del ecosistema Ethereum.

En los últimos años Ethereum sigue ganando gran popularidad dentro del sistema y mundo cripto, basada en su solidez y figura como plataforma multifuncional estable, segura, independiente. Está respaldada en sus desarrollos por la Ethereum Foundation y la posición de Ether, su moneda nativa, apoyado en su poderosa Ethereum Virtual Machine (EVM). Vale la pena hacer hincapié en que Ethereum, como proyecto de software de código abierto impulsado por su comunidad, ha evolucionado y sigue impulsado satisfactoriamente desde sus inicios y sigue creciendo.

La era de las criptomonedas vio la luz con la aparición de la primera opción virtual, cuando en el año 2009 Bitcoin da la apertura a una alternativa hacia el dinero físico. Desde entonces y al día de hoy, ya son más de 7.000 criptodivisas las que buscan de alguna manera liderar en el mercado, ofreciendo su mejor estructura y convertirse en una herramienta financiera segura y confiable. Potenciando sus diseños y reforzando sus programas, activando sistemas operativos factibles para una negociación garantizada. Todo ello y mucho más forma parte del desarrollo dentro de la plataforma Ethereum, la cual ha transformado la manera de hospedar aplicaciones y proponer un instrumento financiero de vanguardia.

Vitálik Buterin, nacido en Kolomna, Rusia, el 31 de enero de 1994. Desarrollador web, criptoactivista y además cofundador de la revista Bitcoin Magazine, experimentado innovador en diversos proyectos digitales, investigador y analista; quien ha logrado convertirse por su corta edad en una de las personas más influyentes e inspiradora por su magna contribución a la construcción de la criptogalaxia, es el creador del ambicioso proyecto Ethereum, que en un poco más de 5 años ya adopta 14 millones de suscriptores y cada día crece en confianza.

Buterin de alguna manera y desde muy joven gozaba de una magia intrínseca. Fanático y asiduo jugador "enganchado" al videojuego World Of Warcraft; disfrutó una época plena entre 2007 y 2010, tras dedicarse por horas al juego, buscando escalar posiciones y subir de nivel en nivel como hechicero, lo cual el mismo Vitálik considera como de valiosa repercusión en su futura investigación y creación de Ethereum.

Un evento determinante marco esa gran transición, cuando la compañía Blizzard, propietaria del juego World Of Warcraft, realizó modificaciones en los parámetros que vieron afectado a uno de los personajes de Vitálik. Lo ocurrido precisamente fue que la actualización hecha al juego eliminó el Hechizo Siphon Life que usaba en su personaje de brujo. Según su testimonio, esa experiencia le permitió ver lo que consideró el lado negativo de los sistemas de desarrollo centralizados. Era incomprensible para él aceptar y ver, cómo la plataforma virtual del juego le arrebataba aquello que, tras días y temporadas de actividad recreativa, le había costado tanto esfuerzo construir.

Breve descripción del funcionamiento de la Blockchain de Ethereum y la organización de los bloques

Iniciemos este apartado definiendo lo que es Blockchain, como lo dice su término traducido del inglés, es una Cadena de Bloques, se trata de un registro único, consensuado y distribuido en diversos nodos o espacios donde convergen varios puntos de una red. En relación con las criptomonedas, bien podríamos compararlo con un libro contable en el cual se registran todas las transacciones de una empresa u organización.

Su funcionamiento podría resultar quizás complejo de entender si profundizamos en los aspectos internos propios de su configuración. Sin embargo, la idea básica es bastante sencilla y práctica de comprender.

Cada uno de los bloques almacena:

●Cierta cantidad de registros o de transacciones válidas.
  ●Información inherente al bloque.
  ●La vinculación con el bloque anterior y el siguiente a través del Hash, operación criptográfica generadora de identificadores únicos e

irrepetibles de cada uno de los bloques, un código propio el cual vendría a ser como la huella digital de dicho bloque.

En consecuencia, cada bloque tendrá un lugar específico, propio e inamovible dentro de la cadena, pues cada bloque contendrá información del hash generado en el bloque que le precede. El cierre de la cadena se almacena en cada nodo de la red que constituirá la Blockchain, proporcionado a su vez una copia exacta de la cadena a todos los miembros de la red.

En la medida que son creados nuevos registros, estos son inicialmente verificados y validados por los nodos de red y posteriormente incorporados a un bloque nuevo que se enlazará a la cadena.

El funcionamiento de Ethereum se corresponde con una plataforma de código abierto sustentada en la tecnología Blockchain, descrita en las líneas de atrás. Esta cadena de bloques o Blockchain se hospeda en una innumerable cantidad de ordenadores distribuidos alrededor del mundo, lo que garantiza su cualidad descentralizada. Cada uno de estos ordenadores dispone de una copia de la Blockchain y debe aplicar un acuerdo o consenso generalizado previo a la aplicación de cualquier cambio que se dé en la red.

La Blockchain de Ethereum guarda estrecha relación con la de Bitcoin, en cuanto a que esta es un registro del historial de las transacciones realizadas. Sin embargo, los desarrolladores tienen la facultad de construir y desplegar software y aplicaciones descentralizadas o "DApps" (Decentralized Applications) cuyo funcionamiento se basa en una red descentralizada, con la red de Ethereum. Estas igualmente se almacenan en la Blockchain junto al registro de transacciones.

Como ya se ha mencionado, Ethereum se basa en el mismo protocolo de Bitcoin y su diseño de la cadena de bloques, debidamente configurado para que las aplicaciones y operaciones más allá de los sistemas de dinero puedan ser soportadas. Solo existe una verdadera similitud entre las dos Blockchains y es que ambas almacenan y recopilan el historial de las transacciones totales de sus redes correspondientes.

Ahora bien, conviene subrayar que la Blockchain de Ethereum

dispone de una actividad que va mucho más allá, haciendo un poco más que almacenar. Además de archivar el historial de transacciones, cada uno de los nodos de la red o plataforma Ethereum también precisa descargar el estatus más reciente o información actual de cada contrato inteligente (Smart Contract, que veremos más adelante), el saldo o crédito de cada usuario y el código completo de contrato inteligente y dónde este se encuentra almacenado.

En esencia, la Blockchain de Ethereum podemos describirla como una poderosa máquina de estado con fundamento estricto en sus transacciones. Desde el punto de vista o ambiente informático, una máquina de estado se define como un algo con capacidad de leer y visualizar toda una serie de entradas y realizar la transacción a un nuevo estado basado en dichas entradas. Cuando estas operaciones o transacciones se ejecutan, la máquina pasa a otro estado.

Cada uno de los estados de Ethereum está constituido por millones de transacciones, estas transacciones son agrupadas para dar origen a un bloque y así generar una cadena con todos y cada uno de los bloques anteriormente formados y enlazados entre sí. Para que finalmente la transacción pueda ser incorporada al libro mayor de registros, es necesario que esta sea validada y pase por debidamente por el proceso de minería.

La minería es el proceso a través del cual un determinado número de nodos aplica toda su potencia y capacidad de cálculo para completar la Prueba de Trabajo (Proof Of Work - PoW), que en esencia viene a ser como un puzzle matemático. Cuanto más potente y eficaz sea el ordenador, mucho más rápido será posible resolver y armar el rompecabezas. Una respuesta precisa a este acertijo es en sí misma una Prueba de Trabajo, la cual garantiza la validez y confirmación de un bloque.

Son muchísimos los mineros que en todos los rincones del mundo se mantienen en una constante competencia entre ellos por intentar crear y validar un nuevo bloque, ya que cada vez que se da uno; se generan nuevos tokens (unidad de valor creada por una organización para administrar sus modelos propio de negocios), de Ether que van a manos de dicho minero. Los mineros son la columna vertebral de la plataforma Ethereum, ya que su importante función de confirmar y validar transacciones y cualquier otro tipo de actividad dentro de la red les permite la posibilidad de generar nuevos tokens.

Tengamos siempre presente y conviene recordar que la tecnología de la Blockchain está, si se quiere; inspirada en el concepto de Libro Contable Distribuido (DLT), el cual tiene como fundamento técnico un sistema en red de ordenadores que se guían por el principio de red en pares. Los aportes para la creación y validación de consensos, se remiten a procesos criptográficos o a la teoría del juego.

El concepto de Libro Contable Distribuido (DLT) o Tecnología de Registro Distribuido (TLD), hace referencia a un Registro Público Descentralizado. Toda la información contenida en dicho libro suele reflejar todo un encadenamiento de datos de transacción que testimonia movimientos de cuentas. Una red o conjunto de ordenadores admite en forma grupal toda la información y cada nodo de la red cuenta con copia o réplica de este conglomerado de datos.

Veamos la situación con un ejemplo:

Cuando, mediante el apoyo de una aplicación de Blockchain Luis realiza una transferencia a Nancy por el pago de un reloj, la operación o transacción queda registrada en un libro de contabilidad distribuido. De inmediato, todos los miembros de la aplicación la podrán rastrear y visualizar.

En las redes y plataformas de Blockchain se utilizan monedas virtuales, tales como Bitcoin, Dash, Ether, etc. en lugar de dinero fiat o tradicional. La idea de Libro Contable Distribuido tiene sus fundamentos en las redes de pares (P2P) Peer To Peer, ya que, de esta manera se facilita la comunicación entre ordenadores en un mismo rango y en red.

En las redes de pares de la cadena de bloques los valores virtuales no son transmitidos en forma directa de un punto a otro, a cambio de ello, todos los participantes, quienes para interactuar con la Blockchain deben contar con un software cliente que sistematiza todo el proceso de consenso como la copia del estado de información; tienen todos una réplica de todas y cada una de las transacciones que guardan de forma incógnita, desde donde se desglosa quién ostenta qué valor y en cuál momento.

Al producirse alguna modificación en el estatus de los datos, cada réplica de cada uno de los nodos actuantes concuerda con la versión anterior de la Blockchain. Para que un cambio en la base principal de datos sea aceptado, todos los ordenadores que constituyen la red están obligados a determinar por mayoría que las reformas son genuinas. Esto significa, que solo si la mayoría de los nodos partícipes aceptan las modificaciones, estas tendrán que ser aceptadas por todos los integrantes de la red.

Ahora bien, y si en caso adverso, la mitad más uno como mínimo, de los nodos determina que los cambios no son auténticos, todos los integrantes de la red los deberán rechazar. Esta situación se puede dar cuando, por ejemplo, los datos nuevos refutan réplicas anteriores a la cadena de bloques. Por tal razón, cuando alguno de los nodos precisa efectuar cambios o modificaciones en la Blockchain, debe demostrar y constatar que está debidamente autorizado para realizarlo.

Entendiendo la tecnología Blockchain detrás del funcionamiento de Ethereum

Blockchain, a veces denominada tecnología de contabilidad distribuida (DLT), hace que el historial de cualquier activo digital sea inalterable y transparente mediante el uso de la descentralización y el hash criptográfico.

Una analogía simple para comprender la tecnología Blockchain es un documento de Google. Cuando creamos un documento y lo compartimos con un grupo de personas, el documento se distribuye en lugar de copiarlo o transferirlo. Esto crea una cadena de distribución descentralizada que brinda a todos acceso al documento al mismo tiempo. Nadie está bloqueado esperando cambios de otra parte, mientras que todas las modificaciones al documento se registran en tiempo real, lo que hace que los cambios sean completamente transparentes.

Por supuesto, Blockchain es mucho más complicado que un Google Doc, pero la analogía es adecuada porque nos ilustra cinco ideas críticas de la tecnología:

· · ·

• Una cadena de bloques Blockchain es una base de datos que almacena bloques de datos cifrados y luego los encadena para formar una única fuente de verdad cronológica para los datos.

•Los activos digitales se distribuyen en lugar de copiar o transferir, creando un registro inmutable de un activo.

• El activo está descentralizado, lo que permite el acceso total en tiempo real y la transparencia para el público.

•Un libro de contabilidad transparente de cambios conserva la integridad del documento, lo que crea confianza en el activo.

• Las medidas de seguridad inherentes de Blockchain y el libro mayor público lo convierten en una tecnología de primera para casi todos los sectores.

Blockchain es una tecnología especialmente prometedora y revolucionaria porque ayuda a reducir el riesgo, elimina el fraude y brinda transparencia de una manera escalable para innumerables usos.

¿Cómo funciona Blockchain?

El objetivo de usar una cadena de bloques es permitir que las personas, en particular las personas que no confían entre sí, compartan datos valiosos de una manera segura y a prueba de monitoreos y manipulaciones.

Blockchain consta de tres conceptos importantes: bloques, mineros y nodos.

Bloques

Cada cadena consta de varios bloques y cada bloque tiene tres elementos básicos:

Los datos del bloque

Un número entero de 32 bits llamado nonce. El nonce se genera aleatoriamente cuando se crea un bloque, que luego genera un hash de encabezado de bloque.

El hash es un número de 256 bits unido al nonce. Debe comenzar con una gran cantidad de ceros (es decir, ser extremadamente pequeño).

Cuando se crea el primer bloque de una cadena, un nonce genera el hash criptográfico. Los datos del bloque se consideran firmados y vinculados para siempre al nonce y al hash a menos que se extraigan.

Mineros

Los mineros crean nuevos bloques en la cadena a través de un proceso llamado minería.

En una cadena de bloques, cada bloque tiene su propio valor y hash únicos, pero también hace referencia al hash del bloque anterior en la cadena, por lo que extraer un bloque no es fácil, especialmente en cadenas grandes.

Los mineros usan un software especial para resolver el increíblemente complejo problema matemático de encontrar un nonce que genere un hash aceptado. Debido a que el nonce tiene solo 32 bits y el hash es 256, hay aproximadamente cuatro mil millones de combinaciones posibles de nonce-hash que deben extraerse antes de encontrar la correcta. Cuando eso sucede, se dice que los mineros han encontrado el "nonce dorado" y su bloque se agrega a la cadena.

Hacer un cambio en cualquier bloque al principio de la cadena requiere volver a extraer no solo el bloque con el cambio, sino todos los bloques que vienen después. Por eso es extremadamente difícil manipular la tecnología Blockchain. Piense en ello como "seguridad en matemáticas", ya que encontrar nonces de oro requiere una enorme cantidad de tiempo y potencia informática.

Cuando un bloque se extrae con éxito, el cambio es aceptado por todos los nodos de la red y el minero es recompensado económicamente.

Nodos

Uno de los conceptos más importantes de la tecnología Blockchain es la descentralización. Ninguna computadora u organización puede ser propietaria de la cadena. En cambio, es un libro mayor distribuido a través de los nodos conectados a la cadena. Los nodos pueden ser cualquier tipo de dispositivo electrónico que mantenga copias de la cadena de bloques y mantenga la red en funcionamiento.

Cada nodo tiene su propia copia de la cadena de bloques y la red debe aprobar algorítmicamente cualquier bloque recién extraído para que la cadena sea actualizada, confiable y verificada. Dado que las cadenas de bloques son transparentes, cada acción en el libro mayor se puede verificar y ver fácilmente. Cada participante recibe un número de identificación alfanumérico único que muestra sus transacciones.

La combinación de información pública con un sistema de controles y contrapesos ayuda a la cadena de bloques a mantener la integridad y genera confianza entre los usuarios. Esencialmente, las cadenas de bloques se pueden considerar como la escalabilidad de la confianza a través de la tecnología.

A través de la criptomoneda Ether, nativa de Ethereum se realizan a nivel mundial los más altos porcentajes de transacciones y negociaciones de los ya conocidos NTF (Non Fungible Tokens), activos digitales de moda únicos que equivalen a certificados virtuales de autenticidad verificados por medio de la Blockchain. Una de las tantas causas que incide en el alza del precio del Ether.

El inicio del mes de mayo de 2021 representó para Ethereum un momento histórico, al romper con una marca récord de su valor, llegando en tan corto tiempo de existencia a superar la barrera de los 3.000,00 $ por Ether. El impacto no quedó silente entre quienes hacen vida dentro del mundo cripto, pues el hecho se hizo tendencia en blogs y redes sociales en toda la red.

Ether es la segunda criptomoneda más grande del sistema financiero digital y en la actualidad representa un valor de mercado superior a los 387.000 millones de dólares. Su plataforma madre, Ethereum, su centro de desarrollo Ethereum Foundation, su sistema operativo dedicado junto a la función que cumple Ethereum Virtual Machine (EVM) y el diseño minuciosamente estructurado en su cadena de bloques; hacen de Ethereum una figura de representativa seguridad y confianza entre sus usuarios y futuros prospectos.

Ethereum corre en un software operativo de código abierto con características similares a las utilizadas por Bitcoin. Reiteramos e insistiremos en resaltar que sus operaciones son totalmente descentralizadas no monitoreadas y crean una especie de libro público contable donde se asientan y quedan registradas todas y cada una de las transacciones dadas, validadas y confirmadas. Esta dinámica tecnológica es conocida como cadena de bloques o Blockchain.

Cuando hablamos de descentralizada, nos referimos a que cada uno de los participantes puede confirmar las transacciones, sin la actuación de ningún ente gubernamental, alguna autoridad local, banco federal o entidad financiera. Esto quiere decir, que no se debe esperar, por ejemplo, la aprobación del banco central para emitir una orden, procesar la operación y entregar en físico cierta cantidad de dinero impreso.

En comparación con la tecnología que se desarrolla detrás de Bitcoin, la comprobación de operaciones dentro de la Blockchain de Ethereum sucede en solo segundos, no en minutos; por ende, es mucho más rápida. Otro elemento diferenciador es que el software de Ethereum fue concebido con la idea de ser utilizado en otro tipo de operaciones, como por ejemplo las subastas de arte, uno de los usos más activos en la actualidad.

La Blockchain de Ethereum se ha convertido en la más utilizada actualmente, debido al crecimiento de las stablecoin y el aumento de las DeFi (Decentralized Finance). Últimamente el precio del Bitcoin se ha venido negociando en un rango medianamente lineal y su volumen de comercio se ha venido manteniendo relativamente plano.

Un número importante de tokens en la red Ethereum ha ido de punta encabezando listas de precios, muy particularmente los tokens de Finanzas Descentralizadas o DeFi (Decentralized Finance). Datos recientes han reportado que Ethereum ha superado a Bitcoin como la red de mayor liquidez en valor por día. Esto se traduce en que el valor en dólares que poseen las transacciones de Ether ETH y sus token, resultan más altos que el de Bitcoin.

El sector de Finanzas Descentralizadas continúa ganando popularidad, todo ello gracias a las transacciones de monedas estables o stablecoins que han impactado en gran parte gracias a la notoriedad de las DeFi, logrando liquidar en el transcurso del año 2020 mucho más de 508 millones de dólares. Una cifra que superar en un 100% los montos liquidados para el año 2019, cuando estos alcanzaron la cifra de 253 millones de dólares.

Bitcoin ofrece al mercado criptomonedas que operan por medio de los protocolos Counterparty y Omni, pero estos activos languidecen si son comparados con las capacidades que tienen los Smart Contracts o contratos inteligentes de la red Ethereum que continúa figurando a través de las nuevas posibilidades de las DeFi. En conjunción con las tarifas más bajas y tiempos más rápidos por transacción, Ethereum se posesiona como la cadena de elección para monedas estables centralizadas y descentralizadas.

El USDT (Tether) fue expuesto por vez primera en la Blockchain o Cadena de Bloques de Bitcoin, y actualmente solo un 13,2% de su abastecimiento reside en esta criptomoneda, mientras que por otro lado el 59,8% del suministro de USDT se aloja en la Blockchain de Ethereum. Por tal motivo y por mantenerse la mayor parte del saldo de USDT (Tether) en la plataforma de Ethereum, este viene a ser el mayor consumidor de gas (unidad de medida que veremos más adelante) en la plataforma.

Sin lugar a dudas ni discusión, la Blockchain de Ethereum es la más famosa y popular de la industria. Se trata de una red pública distribuida dedicada a ejecutar y desarrollar códigos de programación a favor de aplicaciones y sistemas operativos descentralizados. Dicho de otra manera, es un software que actúa como plataforma compartida para todo tipo de información y recursos on line. Además, que dichos datos no pueden ser modificados ni susceptibles a ser manipulados.

La cadena de bloques o Blockchain de Ethereum pudiese ser considerada como lo suficientemente parecida a la de Bitcoin, sin embargo, existen ciertos elementos diferenciales. Uno de ellos es su lenguaje de programación que le permite a sus desarrolladores producir software a través de los cuales es viable gestionar o tramitar transacciones, y de igual manera automatizar ciertos y determinados resultados, algo que se conoce como contratos inteligentes o Smart Contracts y que será desarrollado más adelante.

Sin embargo, en el marco de la Blockchain es oportuno decir que los Smart Contracts aseguran que las condiciones, pautas y términos establecidos y acordados en una relación se cumplan a cabalidad. Estos contratos vienen amparados por programas que se ejecutan de forma automática toda vez que las condiciones predefinidas se cumplen. Durante su proceso quedan de lado los retrasos y costos típicos que existen en la confección y desarrollo de acuerdos manuales.

La estructura tan bien elaborada en la Blockchain de Ethereum, además de dar vida a sus excelentes Contratos Inteligentes, los cuales con su aparición han ayudado a proliferar este tipo de herramientas, no solo en el ecosistema criptográfico, sino fuera de él; también ha resultado ideal para desarrollar las llamadas DApps, Aplicaciones Descentralizadas que funcionan desde una red descentralizada. Estos recursos les dan a sus usuarios la posibilidad de acceder de forma totalmente segura a un campo amplio de distintos servicios.

En líneas muy precisas y generales, las alternativas innovadoras que ofreció la Blockchain de Ethereum son las mismas que catapultaron la gran fama de esta potente plataforma.

Estas características junto a su forma, estructura, bondades, beneficios y novedades; son las que han impulsado a un número extenso de desarrolladores y programadores a utilizar y entender la vanguardista tecnología de Blockchain detrás del funcionamiento de Ethereum.

Los casos de uso de Ethereum

En condiciones de posicionamiento de mercado criptoactivo, Ethereum como plataforma y su moneda virtual nativa Ether mantienen un indiscutible y bien merecido segundo lugar como la criptomoneda más importante del mundo, muy a pesar de que son muchos los usuarios, suscriptores y seguidores que se preguntan por qué no se ha convertido en la primera pues, considerando entre tantos motivos la eficacia indiscutible de sus contratos inteligentes, todas sus funciones son siempre bien ponderadas.

Conviene ser honestos en reconocer que Bitcoin lleva la batuta y comanda el sector de contratos inteligentes, pero es Ethereum quien los ejecuta y maneja de forma mucho más simple, condición resaltada y valorada por Buterin, su fundador, quien afirma sus capacidades avanzadas de scripting (capacidad de procesar comandos que el sistema interpreta y puede ejecutar) y completitud de su estructura.

Los usos de Ethereum parten desde sistemas básicos de pago, adquisición de activos, financiamientos, hasta la digitalización de la vida cotidiana, manejos de cuentas y predicción de mercados, aspirando a mucho más en un futuro a corto plazo.

Es muy probable que con frecuencia muchas personas se pregunten para qué o en qué se usa Ethereum. Incluso para conocedores en la materia suelen darse sorpresas al conocer frecuentes o nuevas utilidades que simplemente desconocían.

A continuación, destacaremos solo algunos de los principales usos que la comunidad ha dado y mantiene activos en la plataforma Ethereum.

1. **ICO (Initial Coin Offer) & DAICO (Decentralized Autonomous Organization + ICO)**

La dinámica operativa de las ICO (instrumento de financiación) desde Ethereum resulta mucho más sencilla, como también lo es la venta de tokens. Sus formatos y características le impregnan transparencia y eficacia. Vitálik Buterin sugirió la fusión de ICO y DAO para crear el modelo híbrido DAICO.

En una ocasión se dio el lanzamiento de una de DAICO con una variable denominada TAP (unidades: wei/seg, inicializada a cero), un tanto diferente al antiguo contrato ICO, pero que inicia igualmente como una contribución, solo que esta se encuentra configurada para determinar cuántos Ether podrán retirar los desarrolladores por segundo, donde el límite es determinado por los mismos contribuyentes. Finalmente, en este proceso se les otorga cierto control a los desarrolladores para no hacer un retiro total del monto y poder salir en segundos.

. . .

2.Contrato de servicios bancarios y financieros

Desde un punto de vista mercantil, los servicios de contratos de la Blockchain de Ethereum, ofrecen un abanico de posibilidades para ser instaurados. De esta manera, se les puede enlazar con los conocidos bonos nacionales, pagos, liquidaciones, hipotecas, créditos y fideicomisos entre otros elementos.

Una demostración ilustrativa de este uso lo pudiésemos representar en el caso hipotético de una persona que haya incumplido con su compromiso de pago programado en un préstamo sin notificar al banco. Podría suceder que, en lugar de proceder con una fianza, se codificaría un Smart Contract de larga data en el cual las condiciones y reglas se impondrían.

Otra vía estaría en los bonos de gobierno próximos a su vencimiento y que se han sustentado con un contrato inteligente, allí los pagos se procesarían de forma inmediata al momento de su caducidad a la persona o entidad que los posea.

3.Mercados de predicción

Ethereum también beneficia a los mercados predictivos. Aunque en la práctica son pocas las plataformas dedicadas a este sector productivo de las cripto desde la Blockchain. Los principales casos de mercados de predicción favorecidos por Ethereum a resaltar son Gnosis (GNO) y Augur (REP).

Se entiende por mercados de predicción a ciertos sectores en los que es válida la idea de considerar conocer algo a futuro o dar con ciertos resultados. Por ejemplo, procesos electorales, eventos deportivos o resultados de una subasta entre otros.

En este tipo de escenarios, los participantes se motivan a predecir algún resultado y en caso de atinar, se verán beneficiados y recompensados con contratos inteligentes en la Blockchain de Ethereum.

Por último, estas predicciones podrían ser utilizadas sin complicaciones en apuestas o para tomar decisiones en una compañía al momento de promocionar un nuevo producto, motivo por el que el proceso en su contexto general, resultaría muy económico y gratificante.

4.Fideicomisos

Cuando en una determinada situación se requiera la necesidad de un servicio especial de custodia y un intermediario, los Smart Contracts de Ethereum son la opción apropiada, pues en la actualidad se les puede reemplazar. Solo una condición estaría a cargo del contrato inteligente en un contexto como el descrito, y es programar el contrato con todas las consideraciones y posibles escenarios. De esta manera, se les puede aplicar con seguridad.

Un buen ejemplo de este uso se puede representar con un servicio de custodia en una Exchange P2P (Red de pares Peer-To-Peer), al utilizar contratos inteligentes en una organización de bienes raíces como con herencias y testamentos.

5.Gestión de identidad digital

Cada día se habla más y resulta ser una clave para el futuro de la sociedad, la administración de las identidades digitales. Basado en los contratos inteligentes sería factible brindar soluciones apropiadas y economizar millones de dólares en casos de robos o monopolios de información.

Un claro ejemplo se puede ver en los proyectos de uPort, el cual ofrece una brillante alternativa de identidad soberana a sus usuarios, donde sí existe la posibilidad de realizar un viaje fuera del país de residencia, se logre obtener el pasaporte a través de uPort. Luego, y al cruzar los puntos de control se desplegaría todo un detalle requerido por el aeropuerto para así emprender dicho viaje.

Para finalizar, no habría forma ni manera de ver ni copiar los datos de identidad digital, a no ser que el propietario se autentifique mediante la aplicación uPort por medio de su teléfono móvil para transferir la información a la Blockchain de Ethereum, la cual representa una fuente informativa de confianza para quien la solicita.

Comprando, vendiendo y tradeando Ethereum (Binance, Cex.io, Coinbase)

El mercado financiero digital es integral y se caracteriza por brindar una extensa variedad de recursos operativos que mantiene a la red en constante movimiento segundo a segundo, su dinámica es totalmente activa e indetenible. Quien forma parte del espectro criptoactivo se encontrará en un ambiente de intensa acción, dada la necesidad de comprar, vender y negociar con miras a generar patrimonio y abrirse un futuro cambiario con seguridad, confianza y amplitud.

Existe una gran diferencia entre comprar, vender y tradear criptomonedas dentro de un sistema mercantil intercambiario desde una plataforma virtual determinada o exchange. Estas actividades de negociación se llevan a cabo con el firme propósito de obtener ganancias pactando en el mercado criptodigital entre usuarios y suscriptores con intenciones comunes.

La compra, venta y trading de criptomonedas se realiza dentro de un mercado para tales fines. El negociante deberá abrir una cuenta en la plataforma correspondiente en la cual llenará un formulario o planilla en línea. La mayoría de estas plataformas dentro del mercado cuentan con un libro de órdenes en el cual se visualizarán qué están ofertando y demandando los usuarios y desde dónde lo están haciendo.

Los mercados de intercambio de criptomonedas por lo general reciben depósitos y efectúan retiros en dos modalidades. Una cantidad pequeña de intercambios, ubicados principalmente en Reino Unido y Estados Unidos, admiten depósitos en moneda fiat (por decreto y sin respaldo) y en criptomonedas. Por otro lado, la gran mayoría de negociaciones en todo el mundo aceptan procedimientos de transacción basados en criptos, motivado a las regulaciones impuestas por las entidades financieras sobre estos mercados para manejar cuentas bancarias.

Dado el caso en que el intercambio de retiros y depósitos solo sea aceptado por medio de criptomonedas, el trader deberá crear un monedero independiente que cumpla la función de puente entre ambas organizaciones y que permita la utilización de la moneda virtual en cuestión para realizar depósitos. Las criptomonedas más comunes y más empleadas para estas operaciones son Bitcoin, Litecoin y Ethereum.

Para efectuar operaciones de fondos, se necesitará disponer o comprar Ethereum, en nuestro caso particular o cualquier otra moneda permitida para estos trámites de forma independiente y transferirla a su monedero. Seguidamente estos fondos serán transferidos desde este monedero al provisto por la plataforma para cerrar el intercambio. En este procedimiento se debe estar muy seguro de contar con los datos exactos y precisos del destinatario o receptor, ya que, una vez sea realizada la transacción; esta no será posible revertirla.

Binance

Fundada principalmente para el año 2005 en Shanghái, como un Sistema de Fusión; Binance es en la actualidad una de las plataformas de intercambio o Exchange con el mayor número de participantes y volumen comercial existente comprobado en el mundo. Binance, como plataforma de intercambio para criptomonedas, ofrece un sistema operativo compatible con más de 100 activos digitales hoy en día.

Binance no está regulada por ninguna entidad federal a nivel global. Un detalle curioso y por demás interesante, es el no conocer con exactitud en cuál país o desde qué lugar preciso se ubica su centro operativo. MFSA, Dirección de los Servicios Financieros de Malta hizo público un anuncio el 21 de febrero de 2020 en el cual reseñaba que Binance "No está autorizada por MFSA a trabajar en la esfera de criptomonedas, así que no está destinada a la supervisión normativa por parte de esta dirección".

Si posees fondos en criptomonedas y deseas comprar, vender o tradear con ellas utilizando Ether ETH, la moneda nativa de Ethereum a través de Binance, para sacar rentabilidad a tu dinero digital; lo primero que deberás hacer será crear tu propia cuenta en esta Exchange. Una vez creado tu perfil de acceso, ya tendrás opción a negociar desde esta importante plataforma siguiendo los siguientes pasos.

Para realizar compras, por ejemplo, y ya en la web de Binance, el usuario debe ir al segmento de "Mercados" y tener en cuenta cuál será su par para la negociación dentro de las múltiples monedas disponibles. Seleccionando la pestaña de "Zonas" se desplegará un menú donde aparece el botón "Todo" que presentará el grupo de monedas a comprar, apareciendo Ether de Ethereum en su segundo sitial de honor después de Bitcoin.

A continuación, hacer clic en el "Operar" para desplegar una nueva pestaña que generará un gráfico de Ethereum con el valor USDT, es decir; con el Ether que es la criptomoneda que sigue el valor del dólar en el mercado. En el botón "Buscar" se escribe ETH y se elige la criptomoneda con la cual se desee intercambiar la compra, teniendo en cuenta que Ether está disponible para ser negociado con un número extensamente amplio de monedas.

Hecho esto se iniciará una orden al mercado, generar la negociación al momento de hacer clic en el botón comprar.

Como en este ejemplo, se quiere comprar Ether con el par respectivo (dólares o euros), continuamos con el proceso yendo directo a la sección de "Realizar orden", a continuación "Compras" y luego "Market", aparecerá el precio del mercado y colocamos el monto deseado a comprar para fácil y sencillamente obtener la cantidad deseada la cual aparecerá de manera inmediata en la billetera del cliente.

Es importante ambientarse con esta muy bien diseñada y programada plataforma digital, conocer los pasos a seguir y desde ella misma, contar con una herramienta que le permite a su comunidad realizar diversidad de operaciones con plena seguridad y protección.

Binance ofrece un servicio de garantía con respaldo absoluto que protege a sus usuarios de posibles estafas y negocios fraudulentos. Si en una negociación una de las partes sugiere operar fuera de la plataforma P2P Binance, esta ignora el proceso y abre inmediatamente una apelación, y si el convenio es efectuado fuera de la exchange; no habrá forma ni manera de protección o amparo.

Cex.io

Con un registro de apertura realizado en el año 2013 en la ciudad de Londres (Reino Unido) como su fecha y lugar de fundación, a la fecha y luego de casi ocho años de actividad; Cex.io se ha convertido en uno de los centros de intercambio con más experticia del mercado virtual, calificando como una de las exchanges más seguras en la cual ningún cliente ha perdido fondos, algo sobre lo cual pocos actores pueden presumir.

Cex.io con más de 3 millones de usuarios, todos activos; es una plataforma que ofrece servicios de compra, venta, trading y wallet en prácticamente todos los continentes.

Una de las primeras plataformas digitales en hacer énfasis para efectuar transacciones de criptomonedas en pares de divisas fiat en dólares, euros, libras o rublos fue Cex.io. En un inicio fueron muchas las operadoras internacionales que se encontraron frente a una muralla, ya que una gran cantidad de exchanges exigían sus depósitos en criptomonedas, pero Cex.io al igual que Kraken dieron un notable cambio al panorama.

Para negociar desde Cex.io lo primero que ha de hacerse es crear una cuenta de acceso de manera sencilla y gratuita en solo segundos desde su web, haciendo click en el botón "Registro" para ingresar un correo electrónico en la página que a continuación se despliega, posteriormente crear un password e indicar país de residencia. ¡Atención! Son varios los países en los cuales Cex.io no admite registros y por ende no aplica su plataforma. A continuación, los mencionamos:

Afganistán, Bosnia, Burundi, Corea del Norte, Cuba, Etiopía, Guam, Guinea Bissau, Guyana, Irán, Iraq, Japón, Lao, Líbano, Libia, Mali, Pakistán, Puerto Rico, República Centroafricana, República del Congo, Siria, Somalia, Sri Lanka, Sudán, Sudán del Sur, Trinidad y Tobago, Túnez, Uganda, Vanuatu, Venezuela, Yemen y Zimbabue.

Muchos usuarios prefieren realizar sus operaciones desde Cex.io porque saben que Ethereum está ubicada actualmente entre las principales criptomonedas más populares, reconocidas y utilizadas en todo el mundo. El Ether ETH, es una atractiva moneda criptográfica que despierta gran interés para aquellas personas que desean y buscan comprar, vender, operar e intercambiar con Ethereum y sus pares de preferencia para así poder introducirla en la Blockchain.

Ether ETH/Ethereum resulta apropiado de manera bastante particular y goza de especial interés en aquellos comerciantes profesionales y expertos que consideran que su precio es el más apropiado para negociaciones y transacciones de intercambio a gran volumen. Es por ello que se dice que Ethereum es la mejor alternativa para quienes lo conciben como el mejor activo de utilidad, así como también para quienes simple y únicamente desean realizar intercambios.

En relación con el precio de Bitcoin y su valor de utilidad, Ethereum resulta ser mucho más atractivo. Si bien está claramente establecido que Ether es varias veces más económico que Bitcoin, esto fácilmente puede llamar la atención del público interesado en obtener cierta cantidad de criptomonedas, sin estar restringidos a una moneda en especial.

Son muchos quienes eligen Ether para invertir o negociar en proyectos a futuro, debido a la gran confianza que genera su tecnología Blockchain inspirada en la idea de la descentralización del dinero. Por ello, Ether se sostiene como una de las monedas más comercializadas por usuarios en la red y una habitual alternativa para los intercambios criptográficos.

Por ejemplo, muchos son los intercambios que postulan sus propuestas para efectuar transacciones de Ether a dólares. Cex.io se ubica entre las plataformas líderes de tendencia, ya que ofrece tipos y modalidades de cambio altamente competitivos para los más de 3 millones de usuarios en el mundo entero.

Considerando la naturaleza propia de los servicios de intercambio a favor de Ethereum, la plataforma Cex.io provee una estructura adecuada pensada en los comerciantes profesionales, así como en los principiantes.

Las tarifas de mercado compra-venta, etc. son transparentes y claras, por lo que en todo momento los participantes podrán confiar y estar seguros de que todas las operaciones serán ejecutadas bajo las condiciones esperadas. Además, con órdenes Stop-Loss (Detener Pérdidas) disponibles en la plataforma, toda operación se detendrá en caso de que su precio llegue a niveles en los que la transacción se vea irreversiblemente en una pérdida inminente. Así pues, habiendo un cambio de precio en los valores de Ethereum, será posible minimizar posibles pérdidas, ya que el software está programado para ofrecer un servicio conforme a las condiciones acordadas o las más propicias.

Las transacciones de comerciales y demás operaciones con criptomonedas se hacen sencillas, rápidas y fáciles en esta plataforma, para ello te detallamos un ejemplo del proceso que por demás incluye pasos similares de inicio y registro similares a otras exchanges:

- Registrarse en la web para obtener su propia cuenta de operaciones y acceder a página de compra, ventas y operaciones.
- Especificar el activo digital que se desea obtener en la negociación.
- Seleccionar la moneda con la cual se hará la operación y hacer click en "Comprar"
- En caso de utilizar una tarjeta de crédito para la compra, se deberá enlazar la misma.
- Comprobar que todos los datos sean los correctos a utilizar y hacer click en "Comprar Ahora".

Cex.io aplica una serie de comisiones y tarifas por ciertas y determinadas operaciones. Uno de los casos es cuando por ejemplo se efectúan depósitos con moneda fiduciaria (sin respaldo en materias primas como oro y plata) con Visa, aquí la comisión por dicha actividad oscila entre el 1,49% y el 2,99%, muy similar a depósitos con MasterCard, para los depósitos a través de SWIFT, SEPA y Faster Payments no se cobra ninguna tasa ni comisión por actividad.

Coinbase

Es una plataforma virtual que funge por un lado como monedero digital, lo cual quiere decir que podrás almacenar tu dinero electrónico en un único lugar. En tal sentido, puedes considerar a Coinbase como una aplicación tal cual tu banco de confianza, desde donde podrás ver la cantidad de criptomonedas que posees y la evolución de su valor.

De igual manera, cumpliendo su estricta función de monedero virtual, contarás con una dirección electrónica única mediante la cual otros usuarios te pondrán enviar criptomonedas y tendrás la opción de realizar pagos y tradear sin requerir la asistencia de servicios tercerizados.

Coinbase también ofrece el servicio de compraventa de criptodivisas. Significa esto, que tienes la alternativa de registrar y asociar tu tarjeta de crédito al sistema y así utilizar tu dinero tradicional o dinero fiat para comprar diferentes tipos de monedas cripto, y luego cuando lo creas conveniente puedes vender y renegociar según sean tus intenciones.

Con Coinbase tienes una herramienta cuya operatividad guarda cierta similitud o parecido a otras como la aplicación de tu banco o PayPal, por ejemplo, a la hora de hacer un pago y recibir criptomonedas, Igualmente podrás gestionarla como si fuera una App de la bolsa, solo que en lugar de especular dentro del mercado de valores podrás hacerlo con el mercado de criptodivisas.

Es conveniente que el usuario deba tener mucha cautela con el valor de las criptomonedas, ya que este es bastante volátil y se debe evaluar qué cantidad de dinero estaría dispuesto a poner en juego o riesgo al decidir realizar una transacción.

El usuario debe tener presente que Coinbase cobrará un fee o comisión cada vez que se compre o venda criptomonedas. Para la compra de criptomonedas la comisión es de 1,49%, para la venta de criptomonedas y para hacer canje de estas por dinero real o fiat, la comisión es de 1,00%; mientras que, para operaciones y transacciones de activos hacia otras carteras o monederos virtuales, no aplica ningún tipo de cargos ni comisión. Estos son aspectos muy generales configurados en prácticamente todas las plataformas dedicadas a estos fines comerciales.

Es sencillo iniciar un protocolo de negocios para compra, venta o trader en la plataforma de Coinbase. Como ya hemos visto y al igual que las anteriores, el primer paso a dar por parte del interesado es entrar en la web de Coinbase y hacer su debido registro en el botón "Registrarse", que lo encontrará en la parte superior derecha de la página donde una vez abierta la nueva ventana, tendrá que introducir los datos personales requeridos y seguir los pasos que de forma sencilla y amigable se irán solicitando para completar todo el proceso para así contar ya con una cuenta de Coinbase.

Se debe ser muy cauteloso en ingresar datos e información personal reales sin error u omisiones. Una vez cumplidos y cargados todos los requisitos, ya el usuario estará en capacidad de hacer las operaciones de su preferencia.

Para comprar, vender y operar criptomonedas desde este sistema, hacer click en el botón "Comprar/Vender" que aparece en la parte superior izquierda de la pantalla, acto seguido aparecerá una nueva ventana desde la cual se realiza la negociación con criptomonedas.

Una vez allí, se deberá elegir primero la moneda digital que se desea comprar y luego en la casilla del par la cantidad en dinero fiat que se quiere comprar. Al lado derecho de la pantalla aparece un desglose de los montos que se están manejando y el valor de las comisiones, para finalizar hay que pulsar en el botón "Comprar Ethereum".

De allí el comprador será direccionado a una nueva pantalla en la cual pulsará sobre el botón "Confirmar Compra" para cerrar de forma satisfactoria dicha operación. Una vez culminado todo el trámite es probable que se reciba vía SMS un mensaje de verificación para el código con el cual se dará por confirmada y completada la operación en cuestión. La transacción se procesará al instante en caso de haber utilizado una tarjeta de crédito, de haber sido con una cuenta bancaria, esta demorará entre 24 y 48 horas.

Hemos visto que comprar, vender y tradear Ethereum a través de las exchanges Binance, Cex.io y Coinbase entre muchas otras resulta similar en muchos aspectos. Se trata de un proceso símil entre ellas con características un tanto parecidas, especialmente en la fase de registros. La diferencia radica en los beneficios, facilidades y amplitudes que estas exchanges ofrezcan al mercado, por ello la posición que tienen en el ranking comercial:

La plataforma CoinMarketCap clasifica, agrupa y evalúa en su desempeño a las principales Exchanges Spot de criptomonedas en el mundo, actualmente 310; en función al tráfico, volumen de comercio, liquidez y confianza en la legitimidad de sus volúmenes de comercio reportados. CoinMarketCap clasifica a las casas que hemos desglosado, como sigue:

•En la posición número 1: Binance, con un puntaje de 9.8
•En la posición número 2: CoinBase, con un puntaje de 8.8
•En la posición número 53: Cex.io, con un puntaje de 4.7

Los exchanges para criptomonedas son plataformas que permiten y dan la oportunidad a los usuarios y traders comprar y vender criptodivisas, derivados y otros activos relacionados con las criptomonedas.

Hoy por hoy, hay una amplia gama y variedad de exchanges de criptomonedas para elegir, pudiendo seleccionar la que mejor cubra las expectativas del interesado, y todos tienen grandes ventajas en un aspecto u otro. Se recomienda conocer más sobre las mejores exchanges de criptomonedas y de esta manera seleccionar la que más ayude y cumpla los objetivos de inversión relacionados con el espectro cripto.

Para culminar este interesante apartado, globalicemos un poco con respecto a lo que significa Tradear, una actividad que está estrecha y totalmente ligada a esta dinámica comercial y financiera en la red.

Se califica de Trader a todo aquel individuo que cumple la función de inversor o especulador que realiza su actividad en los mercados financieros con el único propósito de generar o producir beneficios para sí en un corto, mediano o largo plazo.

Un trader puede desempeñar su labor de forma independiente o dedicarse a la actividad financiera de alguna entidad bancaria como Market Maker en las mesas comerciales de Front Office o de alguna tesorería.

Cualquier tipo de producto o modalidad de inversión puede constituir el espectro operativo de un trader, este puede ser al contado o futuro; productos de inversión, renta fija, materias primas, tipos de interés, divisas, criptoactivos, etc. Su disponibilidad y experiencia serán influyentes en su exposición frente a diferentes clases de activos que conformen el mercado financiero, pues cada mercado posee sus propias características.

Sobre la base de su poder adquisitivo, cada trader podrá definir sus propias reglas, normas y pautas de comportamiento y así efectuar su estudio bursátil, evaluando cuál será su ratio de riesgo-beneficio más apropiado y óptimo. Además, es conveniente saber ponderar que un inversor se hace trader a base de trabajo, experiencia, conducta (condición de gran importancia) y una apropiada gestión monetaria.

El agente inversor o trader aprobará sus propias determinaciones de inversión, teniendo en cuenta el análisis técnico y el análisis fundamental, o podrá tomar decisiones mediante sus sistemas automáticos de inversión que se ejecutan por sí mismos, creados a partir de reglas de precios programadas que invierten la mayoría de los casos, en lapsos muy cortos de tiempo. Esta modalidad de Trading es especial y se conoce como High Frecuency Trading (HFT).

Ahora bien, el Trading de criptomonedas o criptodivisas, presume invertir en torno a los movimientos de sus precios a través de una cuenta para trading, efectuar negociaciones de compra y venta de criptos subyacentes en un mercado de operaciones.

El trading de criptomonedas se orienta en tomar una posición financiera en el routing hacia el valor de una criptomoneda frente al dólar, en par de dólares/criptomonedas o cripto contra cripto, mediante pares. Los Contratos por Diferencia (CFDs), son una manera muy notoria de operar criptomonedas, pues estos permiten un mayor rango de flexibilidad, el uso de apalancamiento y la cabida de fijar posiciones de compra o venta, dicho en otras palabras; cortas o largas.

Si el inversor o trader asume que el precio de la criptomoneda va a caer, tomaría una posición de venta o iría corto. Ahora bien, si el inversor considera que el valor estará en aumento, tomaría posición de comprador o iría largo. Este procedimiento podría ser muy ventajoso considerando el hecho de que el mercado de criptomonedas está propenso a movimientos de precio muy agresivos. Es importante tomar en cuenta que la volatilidad incrementa el riesgo. Además de una moneda virtual, existen muchos riesgos que bien pueden afectar en negativo el futuro de alguna negociación.

Cómo almacenar Ethereum (Hablar de Binance, Trezor Wallet y Ledger Nano)

Se nos ha dicho desde niños que "Para correr, primero debemos caminar". ¡Sabias palabras! Pues bien, podemos aplicar una perfecta analogía en este caso a lo que se refiere el cómo almacenar cripto-monedas.

Lo primero que vamos a necesitar antes de poder recibir un Ether, es tener dónde guardarlo; para ello es imperativo disponer de una billetera o wallet, como se le llama en el argot criptográfico. Se trata básicamente de un recurso de software que nos permitirá almacenar nuestros fondos virtuales, realizar operaciones y demás transacciones de manera muy sencilla, así como revisar y monitorear el saldo disponible.

Es de destacar que el funcionamiento de las billeteras de Ethereum no se corresponden con el uso de las típicas billeteras físicas convencionales. En realidad, los Ether como tal no estarán almacenados en una billetera como tal, en una cuenta bancaria o en algún otro lugar.

El Ether, al igual que cualquier otra moneda virtual conocida en el mundo, no existe en ninguna forma física o tangible. Lo único que existe en el espectro criptográfico, son solo registros en la Cadena de Bloques o Blockchain y la billetera creada únicamente podrá interactuar con la Blockchain que le permita habilitar las transacciones u operaciones que se desee efectuar exclusivamente dentro de la misma red.

Las wallets o billeteras tienen sus propias direcciones públicas, conformadas por cadenas de letras y números que distinguen entre mayúsculas y minúsculas. En caso de haber una persona que desea enviar Ether, lo hará a una dirección, la cual también es conocida como "clave pública", recurso este que básicamente es el encargado de transferir la propiedad de las criptomonedas de un punto a otro.

Una "clave privada" es lo que realmente se almacena en nuestra billetera virtual junto a una contraseña que será necesaria para cerrar transacciones y también para desbloquear las monedas disponibles y que tengamos dentro de la red. Como toda operación o recurso de carácter personal privado virtual, cualquier clave debe mantenerse celosamente guardada en secreto para así evitar la invasión no autorizada y posible desfalco de los fondos en Ether.

Las claves de acceso tanto públicas como privadas están emparejadas, lo cual quiere decir que para poder o lograr hacer una transacción, ambas cadenas de letras y números obligatoriamente deben coincidir.

La manera más sencilla de almacenar los Ether que se tengan, es tomando una billetera de terceros y hacerlo allí. Aclarando este escenario, por ejemplo; tomando una billetera que haya sido proporcionada por un intercambio. Así, se tendrá un acceso mucho más fácil a los fondos, y si se mantienen los tokens en dicho intercambio, esto será de gran ayuda para llevar a cabo cualquier tipo de operación de una manera más rápida.

Ahora bien, si se opta por esta metodología, es importante tener bien claro y comprender que se le estará otorgando el control total de los fondos al intercambio y ello justo por dar la posibilidad a un tercero de almacenar las claves privadas. Pero mucho cuidado, la historia reciente de las criptomonedas está saturada y se encuentra cargada de casos confirmados de intercambios fraudulentos y de robos en los cuales los usuarios lo han perdido todo.

La plataforma Ethereum permite a sus visitantes cree su propia billetera personal para uso privado y particular, pudiendo elegir entre gran variedad de opciones, de esta forma, únicamente el propietario tendrá y llevará el control total sobre su clave privada y por defecto, todo lo inherente al acceso y estatus de sus fondos digitales en la red.

En la plataforma Ethereum existen dos tipos o categorías de billeteras: Caliente y fría. Definamos.

•Billetera Caliente: Es aquella que almacena llaves privadas on line y que gozan de acceso muy fácil desde cualquier dispositivo y lugar del mundo prácticamente, solo será necesario contar con conexión a internet. Esta no es la mejor opción, ya que son muy vulnerables y sensibles a cualquier ataque invasivo, lo cual puede conllevar a que los fondos sean robados.

•Billetera Fría: Es aquella que almacena llaves privadas off line y únicamente se puede conectar a internet cuando el propietario empareja la billetera a una conexión.

No cabe la menor duda que esta última es la más segura y muy poco propensas a ser víctima de ataques de hackers o delitos informáticos.

Sobre almacenar Ethereum, comenzamos diciendo una expresión popular, ¿Recuerdas?... Pues bien, primero lo primero, y eso es crear tu propia billetera, algo que resulta ser relativamente bastante fácil, práctico y sencillo, más aún cuando es en especial la propia plataforma del mismo sistema el que nos proporciona el servicio. Se trata de MyEther-Wallet, la billetera oficial proporcionada por Ethereum.

Ahora veamos como la configuramos. Primero que todo, debemos ingresar al sitio web de la cripto en cuestión prestando debida y minuciosa atención a los recordatorios de seguridad que aparecerán en la pantalla y nos irán dando la bienvenida.

Se sugiere tomar el tiempo necesario para ello, leer y analizar; pues son de gran utilidad para alcanzar una apropiada y mayor comprensión sobre el proceso que estamos próximos a continuar, sabiendo el funcionamiento del trámite, enterándonos de todo aquello que debemos hacer y lo que debemos evitar, solo así será posible dar debida protección a nuestros fondos.

Luego de avanzar en la lectura de las condiciones, consejos y sugerencias, nos vamos a encontrar con la opción que permitirá crear nuestra contraseña y dar inicio a la configuración de la nueva billetera. Ya creada una contraseña lo suficientemente segura, aparecerá el siguiente paso y es la descarga del archivo desde donde se acumulan las claves privadas para la billetera. Como todo registro de claves y la posibilidad de ser interceptados incluso desde intrusos incógnitos, siempre es aconsejable almacenar este archivo en un lugar seguro y secreto.

Sigue a continuación un paso muy significativo y de suma importancia, guardar la clave privada de nuestra wallet. Para ello es aconsejable realizar una copia de seguridad, memorizar, escribirla en un trozo de papel y guardarla en un lugar seguro de difícil acceso. Nos debemos esmerar en hacer todo lo necesario para garantizar que la clave estará en apropiado resguardo y que no habrá quien acceda a ella. Recuerda que estamos hablando de administrar los fondos económicos en criptomonedas y debemos evitar que terceros puedan acceder a ellos.

Hemos creado y configurado satisfactoriamente nuestra nueva billetera o wallet desde la plataforma proporcionada directamente por Ethereum en su portal MyEtherWallet. Ahora y la próxima que deseemos ingresar a nuestra billetera, lo único que tendremos que hacer es autorizarnos en la web site utilizando nuestras llaves de acceso. Desde allí tendremos la oportunidad de ver la dirección pública de nuestra billetera ya habilitada para recibir Ether, así como el saldo, movimientos y registros verificables en ella.

La guía de orientación que hemos desarrollado, está centrada en la configuración de la billetera o wallet Ether propia, más fácil y probablemente la más utilizada dentro del mercado y la industria virtual dedicada al cripto. Existen muchas y variadas cantidades de billeteras en la red, que cuentan y ofrecen una amplia gama de opciones. Aunque hay un principio común en todo ello; los procesos de instalación y configuración son algo particular en cada uno de los casos.

Almacenar con Binance

Recientemente, el 27 de abril de 2021 Binance lanzó al mercado digital una nueva billetera virtual como alternativa para utilizar y almacenar criptomonedas sin ningún tipo de dificultad, en formato sencillo y amigable. Una manera de acercar a sus usuarios un poco más adelante en la búsqueda de sus objetivos hacia la libertad del dinero.

Binance Chain es una wallet para dispositivos móviles nativa de Binance, la cual proporciona un espacio seguro y práctico para almacenar con facilidad fondos fuera de la plataforma Binance con múltiples funciones que garantizarán una experiencia única con operaciones en la red.

La utilización de Binance Chain es gratuita, mediante descarga de la App y sin ningún tipo de costos para su disponibilidad en tu dispositivo. A su vez y como productos afines a la gama de productos Blockchain, no se pagará comisiones y no las hay ocultas. La manera de pagar comisiones viene dada únicamente por transacciones de la red y otras comunes, sin embargo, Binance hace lo posible por minimizar gastos operativos.

Con la extensión para operar desde navegadores de Binance Chain, será posible realizar la transferencia de fondos seguros, inmediatos y confiables. Entre Ethereum y otros pares, aplica la función de transferencias entre cadenas para las Blockchains pertenecientes a Binance.

Desde la misma Binance Chain, la extensión también puede utilizada entre otros productos dentro de la plataforma, para autenticar transacciones sin que se haga necesario suministrar la llave privada o hacer inicio de sesión. Estas serán archivadas de forma segura en su lugar de almacenamiento y junto con una contraseña estarán encriptadas.

Para que esta unificación surta efecto, la extensión requiere incorporar códigos de conexión con la "aplicación web abierta en la pestaña" del navegador en conjunción con la extensión puesta en simultáneo. La extensión solicitará permiso para poder ingresar a cualquier página web page.

Siempre es importante conservar todas las claves y contraseñas, así como dispositivos externos a la plataforma web, en lugares seguros y confiables, alejados de posibles entes que generen inseguridad o en condiciones susceptibles de robo o pérdida. Los fondos digitales necesitan ser amparados en todo lugar y momento. Un ataque por parte de un hacker es posible, y si sucede; los fondos se darán por perdidos.

Almacenar con Trezor Wallet

Se trata de una de las principales wallets de criptomonedas desarrolladas en frío o Cold Storage. La empresa Satoshi Labs, fundada en el año 2013 por parte de Marek "Slush" Palatinus y Pavol "Stick" Rusnak en la República Checa; se encuentra respaldado Trezor Wallet, un importante dispositivo de almacenamiento para criptomonedas. En la actualidad su sede principal se encuentra en Praga, República Checa; lugar de su fundación, con capital humano de más de 50 trabajadores en su nómina oficial.

Al igual que cualquier otra wallet hardware, Trezor Wallet ofrece a su público y usuarios, un sistema de seguridad mayor que un wallet software, ya que sus claves personales son archivadas o almacenadas en un dispositivo físico y los fondos de sus suscriptores jamás están o entran en contacto directo con internet, por lo cual es prácticamente imposible que sean robados, mucho menos hackeados.

El sistema Trezor Wallet soporta un número muy amplio de monedas y tokens ERC20, más de 1000, lo cual le da la alternativa de tener todos los activos juntos y en un mismo lugar. Actualmente se cuenta con dos tipos o versiones disponibles de su aparato virtual: Trezor One y Trezor Model. Muy distante de su valor o precio de mercado, las principales diferencias se centran en la cantidad de criptomonedas que cada una de ellas, el formato de pantalla, la selección de botones en su menú y la posibilidad de hacer "Shamir BackUp" (copia de seguridad).

Trezor Wallet es una de las primeras en salir a la venta en el mercado digital, es de las que más unidades ha comercializado y cuenta con el mayor número de usuarios activos alrededor, contando en su haber un poco más de un millón suscrito en el mundo.

La mayoría de los foros, opiniones y comentarios emitidos sobre Trezor Wallet por parte de sus comunidades diversas, son muy positivos; destacando por encima de todo el tema seguridad del producto, su calidad de construcción y lo sencillo que resulta el proceso de configuración para su primer uso.

También se reciben quejas, por ser evidentemente un producto de consumo humano mediante la red virtual. La más común es la solicitud y obligatoriedad que debería haber de conectar la wallet directo con el ordenador para procesar operaciones con las criptomonedas, aunque esta novedad se da con todos los dispositivos dispuestos para tal fin.

Almacenar con Ledger Nano

Es Ledger Nano uno de los principales productores de carteras de hardware en el mundo. Las carteras de hardware (HW), representan muy probablemente la manera, forma y modalidad más segura, robusta y fuerte que se puede tener para almacenar criptomonedas como Ethereum, Bitcoin, NEO o cualquier otra moneda.

La manera en que las carteras de hardware llegan a su máxima seguridad es mediante el almacenamiento de su clave privada, muy lejos del alcance de los hackers u otros delincuentes informáticos que buscan apropiarse de sus fondos virtuales.

La configuración de clave privada se encuentra matemáticamente relacionada estrechamente con todas las direcciones de la cripto y las claves públicas generadas por ella. Esta clave será la encargada de "estampar" la firma de todas las transacciones fuera de la línea para que no haya intrusos que intenten atacar y violar la privacidad de su cartera remota.

La mayor cantidad o inventario existente de billeteras de hardware suelen utilizar también una segunda pantalla o dispositivo para corroborar las acciones de la billetera y firmar la transacción. De tal manera pues, que, si un hacker logra obtener el control sobre su procesador, no podrá hacer ningún daño, pues para ello también va a necesitar acceso al dispositivo físico que se conecta al ordenador del cliente.

Ledger Nano es un hardware wallet de almacenamiento que funciona normalmente como cualquier otro tipo de dispositivo similar. Debe ser conectado a una computadora, se elige el PIN y se recibe una frase de 24 de recuperación que le adicionará una capa de seguridad al monedero.

Qué es el gas y por qué es tan importante para las transacciones

Gas es una unidad específica de medida que emplea Ethereum para cuantificar el trabajo elaborado por su plataforma, en la ejecución de transacciones o cualquier tipo de interacción generada en la red. Gas es uno de los términos más utilizados y más vistos dentro del ecosistema Ethereum, una palabra que incluso los usuarios ven con frecuencia en sus operaciones o dentro de la interacción de sus Smart Contracts, preguntándose inclusive qué es.

Gas no es solo una unidad de medida, es primordial para todo cuanto ocurre, sucede y se da dentro de la plataforma Ethereum, el impacto en su ecosistema es amplio e inmenso. Veamos de manera práctica y sencilla, mediante un dinámico ejemplo; la importancia que tiene este término y su desenvolvimiento en la propia Blockchain de Ethereum.

Deseas comprar una nueva computadora, y para ello necesitas trasladarte en taxi. Sabiendo que tardarás 30 minutos para llegar a la tienda tecnológica y por cada minuto el taxímetro de la compañía High Service recarga un valor de 0,50 $, tienes la opción de utilizar los servicios de su competencia que lo hace por 0,40 $ requerirás entonces de entre 12 $ o 15 $ para llegar a tu destino.

Una situación similar ocurre en Ethereum. Cada proceso o paso de actividad en Ethereum representa un costo específico y sin variación que lo estipula gas, lo que es igual al caso del taxímetro por minuto recorrido.

Es evidente que las operaciones en Ethereum están constituidas por funciones mucho más pequeñas, cada una con un valor puntal de gas o tiempo estimado de recorrido, del cual la sumatoria total nos indicará el valor global final de gas por dicha operación, lo que es igual al tiempo total de ida a la tienda tecnológica saliendo desde casa. Ahora bien, dentro de Ethereum, ¿Cuánto es el total general a pagar por concepto de gas para llevar a cabo la operación en cuestión?

En nuestra analogía el traslado representa un costo variante de 12 $ a 15 $, pudiendo seleccionar con cuál compañía viajar para así ahorrar lo más que te sea posible. Algo bastante similar ocurre en Ethereum, gas tiene un precio estipulado en Ether que se crea según la oferta y la demanda de operaciones dentro de la plataforma Ethereum.

Esto quiere decir que el precio del gas en Ether será siempre variable, considerando que en este caso el usuario puede elegir el valor que pagará por ese gas, y si en la red existe un minero que se ve conforme con la oferta, procesará la transacción y la ejecutará. Así pues, podemos comprender que el concepto y la función de gas dentro de la plataforma Ethereum son de relevante utilidad e importancia.

Las cadenas de bloques o Blockchains que utilizan los protocolos de Prueba de Trabajo (Proof Of Work - PoW), tienden todos a funcionar bajo la misma condición. Siempre ha de pagarse una comisión para que una transacción se pueda realizar, luego esta será aceptada y cargada en una Blockchain, por un costo en beneficio a favor de los mineros que la tomarán e incluirán en un bloque.

Una vez incluida en dicho bloque, la transacción será confirmada y validada por la red, posteriormente las órdenes que se encuentren en las transacciones serán ejecutadas y finalmente se darán por aceptadas. Es esta una manera sencilla y válida de ver la PoW, lo cual se traduce en que para tener acceso a una red Blockchain, siempre se deberá un pequeño precio. Por lo general estos pagos son efectuados en unidades decimales de la moneda operativa en la Blockchain.

Es tal el caso de Bitcoin, en el cual cada transacción es pagada en satoshis, la unidad decimal más pequeña de esta criptomoneda. A continuación, su objetivo:

• Establecer un costo a toda transacción que se ejecute en la red. Manteniendo así los incentivos de funcionalidad de la red, una labor propia de los mineros.

• Conservar y garantizar la seguridad del sistema, evitando el ingreso indiscriminado a los recursos. Por sus altos costos, un hacker no se dedicaría a enviar spam o hacer DoS (ataque cibernético cuya finalidad es inhabilitar un sistema informático por un tiempo determinado saturando el acceso al mismo con numerosas peticiones ilegítimas), hacia la red, ya que le resultaría excesivamente costoso.

Lo antes expuesto aplica para Bitcoin y es igualmente válido para Ethereum, con la sola diferencia que los creadores de Ethereum buscaron un enfoque diferente a la resolución de este problema. La determinación de crear el mecanismo gas, obedece a que Ethereum no es en sí, una criptomoneda propiamente dicha, se trata de una amplia plataforma que funciona como un todo de forma análoga a un ordenador, conocido como Ordenador Blockchain.

Cada transacción en Ethereum es un pequeño programa, el cual le da instrucciones a la Ethereum Virtual Machine (EVM), para que esta máquina luego los traduzca como una acción o serie de ellas a realizar. Es en este plano donde Ethereum y su Ethereum Virtual Machine (EVM) resultan similares en funcionamiento a Bitcoin y su Bitcoin Script. La salvedad para Ethereum, es que está en una flexibilidad realmente mucho mayor.

Un detalle de relevancia es que en Ethereum, sus desarrolladores determinaron acreditar un valor invariable a las distintas y múltiples transacciones que puedan realizarse en su plataforma. Así pues, cada operación tiene un costo y un valor de gas ya concreto y determinado que no sufrirá variaciones, indistintamente a la fluctuación en la cotización del Ether, su moneda nativa.

El valor constante e invariable de gas se sustenta en que, si ciertamente el precio del Ether es volátil, los gastos computacionales de las operaciones se mantienen estables. Por tal razón, el staff de desarrolladores de Ethereum, pueden diferenciar, con la creación de gas; entre el coste computacional y verdadero valor de las operaciones en un momento determinado. Es tal su funcionalidad de este sistema, que permite a Ethereum y su red, se mantengan operativas constantemente, sin que les afecte la subida o bajada del Ether.

Veamos así, el caso en que un Smart Contract posea la función de "Consultar Saldo De Una Dirección", esta actividad en la red podría tener el valor de 1000 Gas, ese siempre será su valor. Quiere decir esto que la realización de esta operación en Ethereum, siempre ha de pagarse una muy pequeña comisión en Ether, inherente a la cantidad de gas empleada para lograr la realización de dicha acción en la Blockchain.

Todo lo expuesto anteriormente, nos hace resaltar tres aspectos vitales e importantes dentro de la plataforma Ethereum:

1.Unidad gas:

La unidad de gas está representada por la cantidad de gas posible a atribuir a una instrucción en particular, aunque sin valor monetario.

2.Precio de gas:

Es el pago por concepto de comisión que se da por cada unidad de gas. Es un precio elegido a pagar por cada unidad y se hace utilizando los decimales de Ether, Gwei. Esta comisión es la que le permitirá al usuario gozar de prioridad y más atención. Pagando más por cada unidad de gas utilizada, con más rapidez los mineros tomarán la transacción en cuestión y la llevarán a un bloque.

3.Límite de gas:

Es el valor representativo que determina la cantidad máxima de unidades de gas que la red Ethereum está en condición de negociar en un espacio de tiempo determinado. Es el límite máximo, el cual los mineros no podrán superar ni rebasar en ningún momento.

Queda claro acá que este es un proceso un tanto más complejo en comparación a lo que ocurre en el caso de Bitcoin y otras criptomonedas derivadas. La razón se fundamenta que en Ethereum, la Ethereum Virtual Machine (EVM), está acondicionada en manejar una cantidad específica de información. De tal manera que, para trabajar con dicho límite de información, ha sido diseñada y creada esta medida de trabajo, de esta forma se podrá controlar el nivel de trabajo computacional que, en un mismo tiempo, la red puede realizar.

Bien resulta conveniente saber cuánto es el límite o Gas Limit. Esto dependerá si se hace referencia a una transacción u operación con un bloque o Smart Contract.

1.21.000 unidades de gas es el Gas Limit de una transacción. Esto quiere decir que no habrá ninguna transacción ni operación sencilla en Ethereum que consuma un valor superior y que se ubique por encima de las 21.000 unidades de gas.

2.El Gas Limit de un Smart Contract es mayor y variable. La razón para que esto ocurra se basa en que los Smart Contracts son susceptibles de tener cierta y determinada complejidad en sus interacciones, lo cual implica y radica en un nivel de gas mayor. Por tendencia este Gas Limit, suele ubicarse entre los 130.000 y 145.000 unidades de gas.

3.8 Millones de unidades de gas, máximo valor establecido para el Gas Limit de un bloque. Esto significa que los mineros están en libertad de incluir la cantidad de transacciones e interacciones a través de Smart Contracts que les sea posible, tomando en cuenta que no podrán superar el límite de 8 Millones de unidades de gas.

En referencia a este tercer punto y su nivel máximo o de límite, resulta muy relevante; ya que brinda la posibilidad de tomar acción frente al "Halting Problem", problema computacional que permite estar en cuenta si un programa de computación se ejecuta en un bucle infinito, con tan solo tener los datos de entrada y programación.

Ante esta situación, se trazaría un problema delicado para la Blockchain que podría resultar en una denegación de servicios (DoS). Sin embargo, gracias a que Ethereum establece un Gas Limit preciso por cada bloque, no habrá alguna operación en esta plataforma que sea capaz de superar el límite prediseñado.

CAPÍTULO 11
¿ETHEREUM, ETHEREUM CLASSIC O BITCOIN?

L a existencia en el mercado de un producto, bien o servicio está sujeto a cambios; cambios o modificaciones que van desde el diseño, imagen, estructura o hasta de su propio nombre. La planificación y desarrollo de una nueva creación tiene desde su concepción una idea y un propósito, la intención de cumplir con ciertos objetivos y satisfacer las necesidades a las cuales va dirigida dicha creación.

Dentro de la criptogalaxia, el menú de opciones, marcas y submarcas que se despliega es gigantesco; las más de 7.000 monedas digitales existentes y la infinidad de productos, sistemas, programas y servicios que en ella podremos encontrar es tan amplio, que nos tomaría días, meses y años de investigación especializarnos en un solo ítem, el cual probablemente producirá modificaciones y más cambios en el desarrollo de nuestro proyecto. Es un vaivén de novedades, entendamos que no todo se mantendrá inerte una vez que vea la luz.

A continuación, conozcamos algunas de las marcadas diferencias que existen entre tres elementos partícipes e integrantes de esta gigantesca galaxia encriptada: Ethereum, Ethereum Classic y Bitcoin, los proyectos más grandes y de mayor impacto dentro de la comunidad

Blockchain en el mundo y de esta manera comprender cómo ha sido el proceso y dinámica que le han impregnado el valor y la importancia de los cuales gozan hoy en día.

Comencemos por ver principalmente en qué se diferencian Ethereum vs. Ethereum Classic, veámoslas como dos criptomonedas distintas que comparten un origen común y algunos de los aspectos relacionados con el porqué de su diversificación.

Ethereum y Ethereum Classic fueron dos monedas virtuales exactamente idénticas hasta la creación y cierre del bloque 1.920.000, justo hasta el momento que tuvo lugar el Fork o bifurcación, un cambio en el protocolo de la moneda que estuvo destinado a retomar los token perdidos tras el hackeo hecho a la DAO (Organización Autónoma Descentralizada).

Esta medida se tomó con la intención de aportar una solución que la mayoría de la comunidad Ethereum adoptó con el propósito de recuperar y devolver a sus propietarios legítimos los Ether perdidos, 1 Ether por cada 100 DAOs, junto con un Smart Contract de carácter complejo. Producto de todo este suceso y como resultado a la solución; en lugar de que una de las monedas desapareciera como se creyó en un principio, ahora ambas continúan cotizando en la cadena de bloques o Blockchain.

Entre las diferencias más notorias que podemos encontrar entre Ethereum (ETH) y Ethereum Classic (ETC), tenemos que:

(*) Para el día 10 de mayo de 2021

Ethereum Classic

ETH nace en el año 2015

ETH surge como moneda nativa

Sistema de desarrolladores de muy alto nivel

Se está moviendo al Proof of Stake con las próximas

No tiene un tope de emisión definido

Apoyo de e-marketing de alto impacto

Respaldada por grandes influencers y personalidades

Posición número 2 en el top de criptomonedas

Alto valor en su cotización

Capitalización de 41.801.443.830,00 $

Mejores actualizaciones en la red Ethereum

ETC nace en el año 2016

ETC surge producto de un posible hackeo

Sistema de desarrolladores en crecimiento

Posee un algoritmo de consenso Proof of Work

Tendrá un tope de emisión entre 210 y 230 millones

Apoyo de e-marketing iniciado

Respaldo de figuras menos conocidas

Posición número 16 en el top de criptomonedas*

Bajo valor con respecto a ETH

Capitalización de mercado de 600.788.003,00 $

Actualizaciones inferiores a ETH

Estas vendrían a ser las diferencias más resaltantes de momento, ya que en esencia son producto de una misma plataforma con un mismo principio, solo que como medida de emergencia se debió tomar acción ante el escandaloso desfalco ocurrido el 17 de junio de 2016 por un monto de 56.196.000,00 $ USD, representados aproximadamente por 3.600.000,00 ETH a un valor de 15,61 la unidad.

Considerando la premisa de que ambas monedas podrían considerarse "hermanas" y sobre la base de sus propias diferencias en forma y acción, procederemos seguidamente a ver en una misma referencia, cuáles serían en consecuencia las principales diferencias entre las criptomonedas más grandes de la red y que ocupan los dos primeros lugares en el top de cotizaciones.

¿Algo más sobre diferencias Ethereum Classic vs. Ethereum?

Aunque el ETC de Ethereum Classic tiene valor como un activo digital especulativo que los inversores pueden comerciar, el ETH de Ethereum se considera el más legítimo y el más comercializado.

A principios de 2021, la Bolsa Mercantil de Chicago (CME) aprobó la negociación de futuros de éter. Solo se han aprobado Bitcoin y Ether para tales transacciones. Los futuros son contratos de derivados sobre un valor subyacente con un precio fijo y una fecha de vencimiento. Los futuros de Ether permiten a los inversores negociar Ether por especulación, pero también para cubrir una posición destacada en ETH o quizás en otras criptomonedas.

Podemos determinar cómo la comunidad inversora a ETC frente a ETH analizando cuánto capital o dólares de inversión se están comprometiendo con las dos monedas. Al comparar las dos capitalizaciones de mercado de las dos criptomonedas, ETH es el claro ganador. La capitalización de mercado de una criptomoneda se calcula multiplicando el precio de la moneda, basado en una moneda fiduciaria como el dólar estadounidense, por las monedas o tokens en circulación.

ETC tiene 116,3 millones de monedas en circulación con una capitalización de mercado de 10,9 mil millones de dólares, mientras que ETH tiene aproximadamente 115,6 millones en circulación y una capitalización de mercado de más de 464,12 mil millones de dólares. ETC cotiza a 93,82 $ mientras que ETH cotiza a más de 4.012,00 $ por moneda al 13 de mayo de 2021.

Aunque ambas redes ofrecen contratos inteligentes, el potencial de las preocupaciones de seguridad mencionadas anteriormente en torno a ETC probablemente empujará a los inversores a invertir en ETH y adoptar los contratos inteligentes de Ethereum frente a los de Ethereum Classic.

Entendiendo Ethereum Classic

Ethereum Classic facilita la ejecución de contratos inteligentes al ofrecer el beneficio de una gobernanza descentralizada. En otras palabras, los contratos se pueden hacer cumplir sin la participación de un tercero, como un abogado.

Los contratos inteligentes son similares a las declaraciones si-entonces, lo que significa que, si las acciones requeridas dentro del contrato se han cumplido, entonces se completarán los parámetros del contrato de respuesta. Si los parámetros del contrato no se han cumplido, entonces puede haber una multa, una tarifa o el contrato puede ser anulado, dependiendo de los términos establecidos al inicio del contrato.

Por ejemplo, en una transacción de bienes raíces, si el contrato establecía que se debía pagar un depósito por adelantado en una fecha determinada y no se recibían los fondos, el contrato podría anularse. Los contratos inteligentes están contenidos dentro de un libro mayor distribuido o una red Blockchain. Un libro mayor distribuido es un libro mayor de transacciones y contratos, que se mantienen y mantienen de manera descentralizada en varias ubicaciones.

El acuerdo entre un comprador y un vendedor está escrito en líneas de código dentro del contrato inteligente, que es autoejecutable, según los términos del contrato. Como resultado, no hay necesidad de supervisión externa o censura por parte de una autoridad central, ya que el código controla la ejecución del contrato.

A manera de objetivos para Ethereum Classic

Desde la división, ha habido muchas actualizaciones y mejoras en el proyecto Ethereum Classic. El objetivo del proyecto sigue siendo trabajar para convertirse en una red de pago global utilizando contratos inteligentes que puedan funcionar sin una gobernanza centralizada.

Al igual que con otras criptomonedas, Ethereum Classic probablemente continuará esforzándose por ser un almacén digital de valor, lo que significa que se puede guardar e intercambiar sin perder su valor. La reserva digital de valor para una criptografía incluye su poder adquisitivo que puede convertirse rápidamente en efectivo o usarse para comprar otro activo, similar al dinero.

Posibles Limitaciones de Ethereum Classic

Aunque tanto Ethereum como Ethereum Classic ofrecen contratos inteligentes y buscan el mismo mercado, Ethereum ha ganado popularidad como la más legítima de las dos redes. Además, el ETH de Ethereum es solo superado por Bitcoin como la criptomoneda más popular del mundo.

Una de las principales preocupaciones de Ethereum Classic son las posibles limitaciones cuando se trata de escalabilidad. Por lo general, la red puede manejar 15 transacciones por segundo, pero ese número es mucho menor que las redes de pago como Visa, que maneja más de mil transacciones por segundo. Aunque Ethereum Classic ha pasado por muchas actualizaciones de software, la escalabilidad de sus sistemas de pago sigue siendo uno de sus mayores desafíos en el futuro.

Además, es probable que la seguridad siga siendo un problema con los contratos inteligentes, particularmente porque Ethereum Classic ya ha experimentado un hack y un robo de millones de dólares. Estas preocupaciones podrían potencialmente evitar que los contratos inteligentes a través de Ethereum Classic se utilicen en importantes transacciones financieras e inmobiliarias.

Las regulaciones del mercado de las criptomonedas continúan desarrollándose, lo que puede cambiar o no el funcionamiento de Ethereum Classic y otras redes. Por ejemplo, la Comisión de Bolsa y Seguridad (SEC) no considera los valores de Ethereum o Bitcoin debido a sus redes descentralizadas.

Sin ser considerados un valor, algunos criptos pueden tener desafíos para ser aprobados para su inclusión en varios productos financieros que contienen una canasta de valores, acciones y bonos, como fondos negociables en bolsa y fondos mutuos. En el futuro, sigue habiendo incertidumbre en torno al panorama regulatorio de Ethereum Classic, así como de otras redes Blockchain menos populares.

Ethereum Classic y su futuro

El futuro de Ethereum Classic parece menos brillante que Ethereum, ya que Ethereum se considera la más legítima de las dos redes, especialmente con las preocupaciones de seguridad de Ethereum Classic.

Los inversores han perdido la confianza en ETC a lo largo de los años debido a ataques al sistema, y hasta que ETC pueda volver a desarrollar su código y software para evitar futuros ataques, Ethereum Classic puede tener desafíos por delante. Sin embargo, queda por ver cómo se desarrollarán los contratos inteligentes dentro del proyecto Ethereum Classic y si se pueden adoptar para un uso generalizado.

Entre Bitcoin y Ethereum nos encontramos con los siguientes aspectos diferenciales:

Sus creadores

Bitcoin fue creada por una entidad identificada como Satoshi Nakamoto de quien no se tiene ubicación, rasgos físicos o algún tipo de contacto personal. Se cree que Nakamoto podría ser un grupo de desarrolladores quienes bajo este pseudónimo crearon Bitcoin, la tecnología Blockchain y el concepto de criptomonedas.

Ethereum fue creado por un gran equipo de desarrolladores liderado por el joven Vitálik Buterin, un precursor y emprendedor quien tuvo la visión inicial de un proyecto magno y ambicioso, con estructura más compleja y amplia que Bitcoin, intentando dar un giro y transformación al mundo de las criptomonedas con la puesta en escena de los Smart Contracts de Turing Completo.

Buterin es una persona mundialmente conocida, figura pública y relacionista social que constantemente emite opiniones y entrevistas sobre Ethereum y su crecimiento.

Inversión de desarrollo

El desarrollo de Bitcoin fue completo y totalmente libre, sin ningún tipo de interés o inversión económica inicial. Tan es así, que Satoshi Nakamoto desarrolló su propio software sin acudir a solicitar préstamos o colectas de fondos para soporte de creación. De hecho, el Core inicial que participó en el avance de Bitcoin, lo hizo sin recibir ningún tipo de pago por su labor.

El caso y situación previa a la fundación de Ethereum es muy diferente. Sus inicios de desarrollo se vieron amparados y sustentados por una recaudación de fondos económicos que logró alcanzar la suma de 18 millones de dólares a través de una Oferta Inicial de Monedas o ICO (Initial Coin Offering). Esto le dio a Ethereum el título de primera cripto ICO en el mundo, una de las pocas surgidas bajo este proyecto, alcanzando éxito y crecimiento bastante claros y muy bien definidos.

Descentralización

La criptomoneda más descentralizada que existe en todo el mundo es el Bitcoin, además de ser la red con el mayor número de nodos, más mineros globales, desarrolladores, forks y potencia de cálculo.

El proyecto Ethereum es una plataforma que en sus inicios vio comprometida su reputación al quebrantar la firmeza e inmutabilidad de la Blockchain, al reiniciar parte importante de su presencia en la red con la intención de recuperar los fondos extraídos de la organización DAO tras un robo efectuado a la misma. Acciones estas, realizadas bajo una serie de acciones impugnables y trajo como consecuencia la división de la comunidad y la Blockchain, generando una nueva criptodivisa: ETC Ethereum Classic.

Precio de la moneda

Resulta ser el primer elemento diferenciador apreciable a simple vista entre ambas monedas. Bitcoin se ha mantenido en la cúspide de la cotización desde siempre, condición que le imprime carácter, respeto, madurez y un privilegio que le genera desde la red; confianza, un inventario de usuarios mayor a otras monedas y presencia comercial de destacado valor.

Por su lado Ethereum, representado por su token Ether, tiene un precio mucho menor; el cual, aunque ha venido en crecimiento se mantiene muy por debajo de Bitcoin. Son muchos los usuarios impactados por el preocupante hecho de que los tokens de los Smart Contracts de Ethereum tienen una ponderación muy superior que la moneda misma (Ether) que los representa en Blockchain.

No obstante, el error común que cometemos con frecuencia es fijarnos en el precio y no en la capitalización.

Emisión de monedas

En este punto, Bitcoin como criptomoneda; está destinada a una existencia finita, ya que su emisión de monedas ha sido establecida para un total de 21 millones de Bitcoins, cantidad esta que nunca podrá superar. Es de considerar que la emisión de Bitcoins cada día la acerca más a su momento final como moneda, hasta llegar a "0", posiblemente en el año 2140. Por ello se trata de una moneda deflacionaria.

Por su parte Ethereum tiene en su haber una emisión total inflacionaria y emisión infinita de monedas en general. Este segundo aspecto es un centro de discusión frecuente en la comunidad, sin que exista un consenso sobre lo que se deba hacer.

Sumado a esto, Ethereum maneja un control de inflación para evitar que esta se produzca y alcance niveles superiores al 2% anual, considerando del total de monedas activas dentro de la red. Esto es viable y posible, dado que la generación de monedas por bloque resulta ser baja, representando 2 Ether cada 15 segundos por bloque minado en promedio.

Minería de criptos

Una característica muy grande para diferenciar a Bitcoin de Ethereum es el proceso de minería. Debemos destacar en primer lugar que Bitcoin utiliza el renombrado formato Prueba de Trabajo (Proof of Work – PoW), empleando el algoritmo HashCash y la avanzada función hash SHA-256 para efectuar el trabajo computarizado. Este es un modelo de minería que actualmente solo puede ser efectuado con la utilización de mineros ASIC por la carga de poder computacional que solo Bitcoin posee en la red.

Otra condición que remarca la diferencia entre ambas monedas es que cada 10 minutos se completa y genera un nuevo bloque, cada 2016 bloques se aplican ajustes de dificultad y tiene un halving (división a la mitad) cada 210.000 bloques cada 4 años en promedio. Para la fecha, la producción de monedas por cada bloque minado es 6,25 BTC.

Ethereum por su parte, utiliza la misma Prueba de Trabajo (PoW) a través de un algoritmo de nombre Dabber-Hashimoto (Ethash) en conjunción con la función de hash Keccak, función muy parecida a SHA. La minería en Ethereum tienen un uso de memoria intenso, por lo en un principio se hacía muy resistente a ASIC, condición operativa que fue superada en 2018 cuando surgió el primer ASIC para ETH, el hoy conocido AntMiner E3. Adicional a ello, la minería en Ethereum sigue siendo posible con la utilización GPUs, algo que no aplica y no es compatible con Bitcoin.

Otras características resaltantes y diferentes en operatividad que tiene Ethereum es que cada 10 a 20 segundos genera un nuevo bloque, sus ajustes de dificultad se ejecutan de manera continua y no tiene propiamente dicho un sistema de halving, ya que su valor de emisión decrece conforme a un consenso logrado en comunidad. Actualmente, la generación de criptomonedas por cada nuevo bloque minado en Ethereum es de 2 Ether.

Manejo de comisiones

Bitcoin tiene un punto muy particular y diferente, con respecto a Ethereum de cómo y sobre la modalidad de manejar sus comisiones de minería. Estas toman en cuenta valores como la complejidad de la misma según el número de entradas y salidas, pues esta situación repercute en la dimensión de espacio utilizado por la transacción. El precio de la transacción y su respectiva comisión a pagar, están determinadas por el espacio ocupado y dictadas por la oferta y demanda que los mismos usuarios generen, según la fluidez de la red.

Lo anterior significa, que, si la red se encuentra muy congestionada, la gran demanda de transacciones producirá que la oferta de espacio de los bloques sea exigua para dar atención a todos. En caso contrario, los mineros le darán prioridad a quienes paguen más satoshis por byte de fee. Si se quiere ser confirmado para el siguiente bloque, habrá que pagar una comisión más atractiva. Quienes paguen menos serán considerados y procesados cuando la sobrecarga sea menor.

A continuación, el enunciado que determina el monto a pagar por comisiones:

Costo TX (BTC) = (TX en Bytes * Precio por Byte de la red) * Costo BTC

En el esquema de comisiones de Ethereum no se habla de almacenamiento, se habla de Gas, o lo que es igual a decir: Potencia de cómputo a consumir. El Gas es una unidad de medida utilizada en Ethereum para cuantificar la cantidad de potencia de cómputo que tomará tramitar una acción específica dentro de la Máquina Virtual de Ethereum, Ethereum Virtual Machine (EVM). Esta medida de Gas tiene sus propias limitaciones, tal es el caso que una transacción normal no puede consumir más de 21.000 UG (Unidades de Gas), en cambio los Smart Contracts son, en este sentido; ilimitados virtualmente.

Las unidades de Gas están representadas por un costo que se mide en Gwei (la unidad de valor decimal del Ether). Para determinar el monto total a pagar por concepto de transacción, se plantea una fórmula entre el total de Gas que requiere la operación, que será igual al costo de la unidad de Gas por Gwei, multiplicado por el valor del Ether. A saber:

Costo Tx (ETH) = ((Gas TX * Costo Gas) *0,00000001) * Costo Ether

Como se puede apreciar, la formulación y manejo de comisiones en ambas criptos es muy diferente, aunque todas llegan finalmente a manos de los mineros.

Smart Contracts - Contratos Inteligentes

Considerada como una de las diferencias más relevantes por su peso, robustez y enorme potencial entre Bitcoin y Ethereum, están los Smart Contracts (Contratos Inteligentes). Sin embargo, antes de comenzar a especificar estas diferencias; ofreceremos un breve concepto sobre Smart Contracts.

Un contrato inteligente se refiere a un contrato que se ejecuta por sí mismo sin la participación o que intermedien terceros y se "redacta" tal cual, como un programa o software informático, en lugar de hacerse por medio de los métodos tradicionales, impreso y con lenguaje textual legal. Los ordenadores desempeñan un papel muy importante para los Smart Contracts.

No se trata exclusivamente de archivar alguna documentación de forma digital o permitir una firma electrónica, como tradicionalmente se ha venido realizando, sino que estos programas efectúan y realizan análisis activando cualquier parte del documento, aplicando su lógica interna.

La creación de Bitcoin se materializó con una funcionalidad de estos contratos muy limitada, y a la cual es factible aprovechar todo su potencial gracias al Bitcoin Script. Este ambiente tiene una serie de OP_CODES que se procesan por medio de los nodos y admiten la programación de lógicas en la ejecución misma de la transacción, funcionalidad que le otorgó a Bitcoin el calificativo de dinero programable.

Bitcoin Script es un lenguaje informático mucho más limitado que Ethereum, principalmente porque este no es un Turing Completo (capacidad que permite a un ordenador, poderse programar para realizar cualquier tipo de operación). Adicional a ello, no dispone de un lenguaje propio en forma nativa intermedio que facilite el desarrollo, lo que redunda en un asunto bastante complejo para programar sistemas avanzados.

Esta debilidad evidente en Bitcoin, fue aprovechada como una gran oportunidad para Ethereum y así, de esta manera hacerse con un nicho. Esto le abrió las puertas y estableció su Ethereum Virtual Machine (EVM), una poderosa máquina virtual capaz de ejecutar comandos con una capacidad Turing Completo excepcional. Cuenta con un lenguaje muy similar al JavaScript, de esta manera todo programador tendrá la capacidad y posibilidad de desarrollar scripts (Smart Contracts) para impulsar hacia su Blockchain.

Gracias a todo ello, Ethereum obtuvo como resultado, ser la plataforma capaz de desplegar todo tipo de aplicaciones descentralizadas, usadas a través de DApps por excelencia. Sin embargo, no queda libre de ciertas limitaciones, y, aun así; Ethereum lleva una destacada ventaja, tan amplia que le ha permitido aprovecharla ampliamente para desarrollar un extenso ecosistema de aplicaciones descentralizadas enfocadas en la industria financiera

(DeFi) Decentralized Finance. Un sector de la red surgimiento bien podría llegar a convertirse en el preámbulo de la masificación para las criptomonedas.

Ante todos estos grandes pasos dados por Ethereum, Bitcoin no ha sido un simple espectador, en la actualidad cuenta con diversos propósitos que apuntan a aportar por desarrollar un Ecocriptosystem de Smart Contracts Turing Completo. Todo ello y mucho más con la intención de que se amplíe el rango potencial de la red.

Algo más sobre diferencias entre Ethereum y Bitcoin

Ether (ETH), la criptomoneda de la red Ethereum, es posiblemente el segundo token digital más popular después de Bitcoin (BTC). De hecho, como la segunda criptomoneda más grande por capitalización de mercado, las comparaciones entre Ether y BTC son naturales.

Ether y Bitcoin son similares en muchos aspectos: cada uno es una moneda digital que se negocia a través de intercambios en línea y se almacena en varios tipos de billeteras de criptomonedas. Ambos tokens están descentralizados, lo que significa que no son emitidos ni regulados por un banco central u otra autoridad.

Ambos hacen uso de la tecnología de contabilidad distribuida conocida como Blockchain. Sin embargo, también existen muchas distinciones cruciales entre las dos criptomonedas más populares por capitalización de mercado. A continuación, analizaremos más de cerca las similitudes y diferencias entre Bitcoin y Ether.

Consejos claves

•Bitcoin marcó el surgimiento de una forma radicalmente nueva de dinero digital que opera fuera del control de cualquier gobierno o corporación.

•Con el tiempo, la gente comenzó a darse cuenta de que una de las innovaciones subyacentes de Bitcoin, la cadena de bloques, podría utilizarse para otros fines.

• Ethereum propuso utilizar la tecnología Blockchain no solo para mantener una red de pago descentralizada, sino también para almacenar código de computadora que se puede usar para alimentar aplicaciones y contratos financieros descentralizados a prueba de manipulaciones.

• Las aplicaciones y contratos de Ethereum funcionan con Ether, la moneda de la red Ethereum.

• Ether estaba destinado a complementar en lugar de competir con Bitcoin, pero, no obstante, se ha convertido en un competidor en los intercambios de criptomonedas.

Conceptos básicos de Bitcoin

Bitcoin se lanzó en enero de 2009. Introdujo una idea novedosa expuesta en un libro blanco por el misterioso Satoshi Nakamoto: Bitcoin ofrece la promesa de una moneda en línea que está asegurada sin ninguna autoridad central, a diferencia de las monedas emitidas por el gobierno.

No hay Bitcoins físicos, solo saldos asociados con un libro mayor público protegido criptográficamente. Aunque Bitcoin no fue el primer intento de una moneda en línea de este tipo, fue el más exitoso en sus primeros esfuerzos, y ha llegado a ser conocido como un predecesor de alguna manera de prácticamente todas las criptomonedas que se han desarrollado durante la última década.

A lo largo de los años, el concepto de moneda virtual descentralizada ha ganado aceptación entre los reguladores y los organismos gubernamentales. Aunque no es un medio de pago o depósito de valor reconocido formalmente, la criptomoneda ha logrado hacerse un hueco por sí misma y continúa coexistiendo con el sistema financiero a pesar de ser examinada y debatida regularmente.

Conceptos básicos de Ethereum

La tecnología Blockchain se está utilizando para crear aplicaciones que van más allá de solo habilitar una moneda digital. Lanzado en julio de 2015, Ethereum es la plataforma de software descentralizada abierta más grande y mejor establecida.

Ethereum permite que la implementación de contratos inteligentes y aplicaciones descentralizadas DApps se construyan y ejecuten sin tiempo de inactividad, fraude, control o interferencia de un tercero.

Ethereum viene completo con su propio lenguaje de programación que se ejecuta en una cadena de bloques, lo que permite a los desarrolladores crear y ejecutar aplicaciones distribuidas.

Las aplicaciones potenciales de Ethereum son de amplio alcance y están impulsadas por su token criptográfico nativo, Ether (comúnmente abreviado como ETH). En 2014, Ethereum lanzó una preventa de Ether, que recibió una respuesta abrumadora. Ether es como el combustible para ejecutar comandos en la plataforma Ethereum y los desarrolladores lo utilizan para crear y ejecutar aplicaciones en la plataforma.

Ether se usa principalmente para dos propósitos: se comercializa como moneda digital en los intercambios de la misma manera que otras criptomonedas, y se usa en la red Ethereum para ejecutar aplicaciones. Según Ethereum, "personas de todo el mundo utilizan ETH para realizar pagos, como reserva de valor o como garantía".

Diferencias clave

Si bien las redes de Bitcoin y Ethereum se basan en el principio de los libros de contabilidad distribuidos y la criptografía, las dos difieren técnicamente de muchas maneras. Por ejemplo, las transacciones en la red Ethereum pueden contener código ejecutable, mientras que los datos adjuntos a las transacciones de la red Bitcoin son generalmente solo para llevar notas.

Otras diferencias incluyen el tiempo de bloqueo (una transacción de éter se confirma en segundos en comparación con los minutos de Bitcoin) y los algoritmos en los que se ejecutan (Ethereum usa Ethash mientras que Bitcoin usa SHA-256).

Sin embargo, lo que es más importante, las redes de Bitcoin y Ethereum son diferentes con respecto a sus objetivos generales. Si bien Bitcoin se creó como una alternativa a las monedas nacionales y, por lo tanto, aspira a ser un medio de intercambio y un depósito de valor, Ethereum fue concebido como una plataforma para facilitar contratos y aplicaciones inmutables y programáticas a través de su propia moneda.

BTC y ETH son monedas digitales, pero el propósito principal de Ether no es establecerse como un sistema monetario alternativo, sino más bien facilitar y monetizar el funcionamiento del contrato inteligente Ethereum y la plataforma de aplicaciones descentralizadas Dapps.

Ethereum es otro caso de uso para una cadena de bloques que admite la red Bitcoin y, en teoría, no debería competir realmente con Bitcoin. Sin embargo, la popularidad de Ether lo ha empujado a competir con todas las criptomonedas, especialmente desde la perspectiva de los comerciantes. Durante la mayor parte de su historia desde el lanzamiento de mediados de 2015, Ether ha estado muy cerca de Bitcoin en las clasificaciones de las principales criptomonedas por capitalización de mercado.

Dicho esto, es importante tener en cuenta que el ecosistema de Ether es mucho más pequeño que el de Bitcoin: en enero de 2020, la capitalización de mercado de Ether era un poco menos de $ 16 mil millones, mientras que la de Bitcoin es casi 10 veces mayor que la de más de $ 147 mil millones.

Ethereum Classic, el fork de Ethereum

Ethereum Classic ETC, llega al mercado de Blockchain un año después de ser creado Ethereum, luego de la aplicación de una bifurcación Hard Fork, favorecida por la comunidad Ethereum. Hagamos un breve recuento.

Esta aplicación se activó el 17 de junio de 2016 con el inmediato propósito de recuperar y solventar un penoso suceso que sufrió la comunidad, cuando esta fue víctima de un robo estimado en más de 3.600.000,00 ETH, los cuales estaban y se encontraban muy bien resguardados por el proyecto. La Organización Autónoma Descentralizada (DAO), por sus siglas en inglés, la aplicación de este hard fork, fue la que fraccionó a la comunidad Ethereum entre todos quienes la conformaban, detractores y benefactores.

Dado la magnitud de este millonario desfalco por un poco más de 56 millones de dólares, la mayoría de quienes constituían la comunidad dieron su aprobación para ejecutar dicha Hard Fork, la cual terminó en una división de Ethereum en dos Blockchain. Creando una que retornó a sus dueños los fondos sustraídos, y que ahora se conoce con el nombre de Ethereum, y conservando la otra, la Blockchain original, lugar donde los fondos robados no fueron removidos y en la cual su historia continuó su curso con total normalidad. Esta Blockchain recibió el nombre de Ethereum Classic.

Indistintamente a que, entre estos dos grandes proyectos, existen marcadas y puntuales diferencias que bien dejan en claro muchos aspectos en pro y en contra de funciones, según la apreciación de sus comunidades y demás usuarios; ambas tienen un interesante factor común: Hacerse la más efectiva y poderosa plataforma Blockchain descentralizada del mundo. Plataformas con capacidad de ejecutar contratos inteligentes sin intermediarios, estafa o censura.

Con el fin de alcanzar estos objetivos, Ethereum Classic busca afianzar su sistema tecnológico en todo lo que logró heredar de Ethereum, construyendo también su propia estructura con respaldo de un desarrollo comunitario y abierto, respetando las bases filosóficas de su comunidad. Sus pautas y condiciones se encuentran en su Manifiesto Cripto-Descentralista, en su Declaración de Independencia donde expresa: "El Código Es La Ley".

De la misma manera como ocurre con otras criptomonedas, el valor de cada Ether viene proporcionado por la Blockchain o cadena de bloques, una secuencia de registros en constante crecimiento que reciben el nombre de bloques, los cuales están vinculados y asegurados a través de un sistema criptográfico. Según el formato de su patrón, la cadena de bloques es sustancialmente resistente a la modificación de los datos.

Ethereum Classic opera mediante la utilización de cuentas y saldos bajo un esquema de transacciones de estado a diferencia de Bitcoin. Esta dinámica no dependerá de las salidas de las transacciones no grabadas. El estado expresó los saldos actuales de cada cuenta y sus datos adicionales. El estado no será archivado ni almacenado en la cadena de bloques, se administra en un árbol "Merkle Patricia Separado".

Todas las claves o direcciones públicas y privadas que puedan usarse para recibir o gastar Ether, son almacenadas por una billetera de criptomonedas. Los Ether se podrán generar por medio de mnemotécnicos de estilo BIP 39 para una "billetera HD", BIP 32. En la tecnología Ethereum, esto resulta innecesario, ya que no opera en un sistema

UTXO. Con una clave privada, es bastante posible escribir en la Blockchain, dando efectividad a una transacción.

Para hacer el envío de Ether a una cuenta, se requiere el uso del hash Keccka-256 de la clave pública para dicha cuenta. Todas las cuentas de Ether son pseudónimos en el sentido de que ellas no están vinculadas a personas particulares, sino a una o más direcciones específicas.

Sobre el surgimiento de Ethereum Classic, cuyo recorrido y existencia coincide en estrecha relación con Ethereum, dado que ambas se alojaron en junio de 2016 tras el ya mencionado hackeo de ese momento, vale destacar que, entre las muchas consecuencias, una fue la leve pero significativa caída del valor del Ether y la determinante decisión de sacrificar una de sus más importantes características, su "inmutabilidad". La más delicada, pues la mayor parte de quienes conformaban para entonces su comunidad, no aprobaban esta inminente salida o solución que permitiría el reintegro de fondos ilegalmente sustraídos.

La solución que el mismo creador de Ethereum, Vitálik Buterin propuso y sobre la cual estaba a favor y convencido de su infalible efectividad, era iniciar la reversión. Buterin quería y formulaba extraer los fondos DAO con seguridad y confiabilidad para volverlos a convertir en Ether.

Solo con iniciar la reversión se conseguirían los resultados esperados. Una minoría de participantes en la comunidad no veían en el sacrificio de la inmutabilidad de la red, la medida más adecuada. Tanto es así, que estaban convencidos de que lo mejor y más conveniente ante esta situación era continuar sin realizar ningún tipo de reversión en las operaciones, ni siquiera en las propias que detonaron la vulnerabilidad para perpetrar el robo o la gran estafa de la cual estaban siendo objeto.

Luego que tuviera lugar una brecha en la comunidad de Ethereum, se tomó la decisión definitiva de accionar una bifurcación dura (Hard Fork) a la Blockchain. El resultado estaba predicho y era evidente, se generó una nueva cadena, teniendo entonces dos, las cuales seguirían sus rumbos independientes, una de otra.

Las cadenas

Ethereum, la protagonista de la bifurcación dura sometida a un suceso del cual se creía era casi imposible que sucediera en la red una situación fraudulenta como la ocurrida

Ethereum Classic, que renacía como producto de la hard fork o bifurcación, alternativa de solución la cual mantendría toda la estructura original concebida en la creación de esta plataforma; garantizó a la comunidad su esencia de inmutabilidad y la resistencia a la censura.

CAPÍTULO 12
LOS SMART CONTRACTS Y EL FUTURO DE LA TECNOLOGIA

Y a estás familiarizado con el término, lo hemos mencionado en varias ocasiones y lo has leído en distintos párrafos, y sobre él se han hecho ciertas referencias que nos dan una idea básica de lo que son y su utilidad. Seguramente cuando escuchas, ves o lees la palabra "contrato", viene a tu mente algo que representa respeto constituido por una serie de condiciones que se deben cumplir y hacer cumplir, abogados, redactores, documentos físicos y cantidad de firmas. Pues bien, veamos ahora qué son estos Smart Contracts (Contratos Inteligentes).

Hagamos primero un breve repaso de su historia. Entre los años 70's y 80's surgió un grupo de expertos y conocedores informáticos quienes se propusieron la idea de crear e implantar nuevos mecanismos de mercado por medio de un sistema de subastas o ventas en el campo de la computación, como el ambiente para desarrollar y presentar la oferta comercial, una nueva forma de vender. A la par, la Criptografía Pública (método criptográfico conformado por un par de claves para compartir mensajes), se hacía un gran terreno por demás valioso; frente a lo que se convertiría en la técnica de avanzada sobre seguridad en la red.

Ahora bien, el término Smart Contracts fue establecido por el científico informático, jurista y criptógrafo Nick Szabo a inicios de la década de 1990 con el fin acentuar y ponderar su objetivo de único de trasladar aquello que Szabo llamada prácticas "altamente evolucionadas" de la ley de contratos y los ejercicios comerciales afines, hacia el diseño de protocolos de "Comercio Electrónico" entre desconocidos dentro la red virtual; Internet.

Mucho antes de aparecer la Cadena de Bloques o Blockchain, no había en la red ninguna plataforma que tuviera la capacidad de realizar o producir un contrato inteligente, este solo existía y estaba descrito de forma conceptual. Un ejemplo en sí de lo que es un contrato inteligente lo tenemos en Bitcoin, quien es propiamente dicho un Smart Contracts, en el cual las reglas del juego están claramente definidas y son aceptadas por sus participantes.

Por otro lado, Ethereum, importante y renombrada plataforma admite la creación de Contratos Inteligentes Turing Completos, significa esto que cualquier programa que pueda ser creado en un ordenador tipo estándar, de igual manera puede ser programado aquí y a continuación, almacenar el código fuente en Blockchain o Cadena de Bloques. Bajo estas condiciones siempre será posible la creación de programas de forma indefinida, los cuales podrán ser ejecutados en todo computador de la red, gozando los mismos de todos los beneficios y bondades que ofrece la tecnología Blockchain.

Justamente aquello que Nick Szabo alguna vez consideró como algo indiscutiblemente inexistente en el año 1995, se haría realidad casi 15 años después con el nacimiento de Bitcoin en el año 2009 con su reconocida tecnología de Cadena de Bloques o Blockchain.

Frente a todas estas posibilidades y oportunidades informáticas, surge la iniciativa de seguir creando; en esta ocasión diversos programas amparados e inspirados en la tecnología de Cadena de Bloques, abriendo las puertas a una nueva y descentralizada internet, invadida; en buena lid, por una cantidad numerosa de aplicaciones no monitoreados por terceros fuera de la red.

La Blockchain asegura y garantiza que todas y cada una de las transacciones son verificadas y validadas por múltiples participantes, y solo aquellas operaciones que sigan los reglas y pautas que establece un contrato inteligente, serán satisfactoriamente confirmadas.

El Smart Contract o Contrato Inteligente, es a manera de documento; una compendio muy particular y especial de instrucciones que se encuentra almacenado en la Blockchain o Cadena de Bloques. Como su nombre lo dice, es "inteligente". Tiene la capacidad plena de ejecutarse ante acciones, conforme a una serie de patrones y parámetros ya programados. Siempre dentro de un ecosistema seguro, inmutable y transparente.

A partir del año 2009, y tras el lanzamiento de la primera versión surgida con la creación de Bitcoin; muchos son los importantes y todos interesantes proyectos, que se esmeran en aportar ideas nuevas y soluciones en red descentralizadas a favor de las aplicaciones centralizadas que usadas por todos nosotros en la actualidad.

Entrando ya en contenido inherente directo al tema, los Smart Contracts tienen un objetivo básico fundamental, eliminar y dejar de lado todo tipo de intermediarios para así minimizar los procesos de desarrollo y ejecución, como ahorrar significativamente la relación de gastos o costos en beneficio del usuario.

La mejor manera de comprender nuestro objeto de análisis, los Smart Contracts; la lograremos recordando un poco qué significa o qué es un contrato.

Un contrato es un documento escrito al cual se le dará legalidad y en el cual se establecen una serie de acuerdos, cláusulas y pautas entre dos o más partes, las cuales serán aceptadas por sus participantes. En él se establecerá que es lo que se puede hacer, cómo hacerlo y qué ocurre si no se hace; mientras este contrato tenga validez. Un contrato se puede renovar. Se trata de respetar las reglas de un juego donde dos o más personas van a participar en conformidad, tras firmar en aceptación de lo previamente establecido.

Los contratos continúan siendo hoy en día, pactos personales con acuerdos de palabra o caros documentos escritos, redactados por especialistas en leyes, abogados, notarías entre otros. Cuando del documento escrito se trata, este estará sujeto a las leyes gubernamentales, territoriales. Todo esto agrupó y sin número de gastos y altos costos de generación, registro y validez.

Una intervención alta de talento humano aplica en el proceso de elaboración. Por tal motivo no son accesibles para cualquier persona. Y por encima de todo esto, otro aspecto; aquellos típicos contenidos finales que siempre terminan en contra de quien se "beneficia" del contrato, las características letras pequeñas que se pueden traducir, en una palabra: ¡Capturado!

Por el contrario, un Contrato Inteligente (Smart Contract) es totalmente independiente y tiene la capacidad de auto ejecutarse y hacerse cumplir por sí mismo. Es un recurso que funciona de manera autónoma y automática, sin la participación ni supervisión de mediadores o agentes externos; evitando siempre y en todo momento lo embarazoso de la interpretación al ser un elemento no verbal o redactado en los lenguajes nativos humanos.

Los Smart Contracts se estructuran en "scripts" (códigos informáticos), redactados en lenguaje de programación. Significa esto que los términos establecidos en el contrato solo son comandos y sentencias en los códigos que lo forman. Es importante que tengamos algo muy claro, y es que un Smart Contract bien puede ser creado y llamado por personas físicas o jurídicas, como también por programas computacionales o máquinas que funcionen de manera autónoma e independiente.

Un Contrato Inteligente tiene y goza de total validez sin tener que depender de autoridades o legislaturas jurisdiccionales. Esto se debe a su propia naturaleza y carácter autónomo: Es un código siempre visible para todos y que al existir sobre la tecnología Blockchain, no se puede cambiar ni alterar, es inmutable; el cual le transfiere un pleno y total perfil de transparencia y descentralización.

Con estos aspectos básicos que has visto hasta el momento, podrás imaginar el gran potencial que tiene un contrato inteligente. Resaltamos que, al estar distribuido en la red por miles de ordenadores, se evita la burocracia, altos costos, censuras y que estos contratos sean custodiados por terceras compañías, sería sin duda un trabajo arduo y de intensa dedicación.

Si tomáramos un Smart Contract con valiosos y potentes fundamentos para fusionarlo con un gran grupo de destacados desarrolladores en el mundo, tendríamos un resultado inimaginable, obtendríamos algo nunca antes visto, algo que rebasaría hasta los límites de nuestra propia imaginación. Posibilidades jamás vistas, posibles para todos y de reducidos gastos. Se trata de ecosistemas libres sin la presencia de figuras autoritarias exijan a los integrantes de una comunidad virtual, actuar según sus voluntades y sometimientos. Estamos hablando de una posible criptodemocracia.

Consideremos este ejemplo tomado de una publicación que hace poco ofrecía un joven en una entrevista de televisión en Bogotá:

"Imaginemos un vehículo tipo Tesla, conducido de forma autónoma, que haya sido comprado por un grupo de 100 personas, capaz de autogestionarse en todos sus servicios y que a su vez el mismo vehículo se alquile por sí solo. Todo esto sin que tenga que rendir cuentas a una Rental Cars o pagar 10% de sus ganancias a Uber".

Siendo así, ¿Te unes a quienes dan la bienvenida al mundo de los Smart Contracts?

Cuidado con lo que pienses sobre los Smart Contracts, hasta el momento

Hoy por hoy, gran parte de la humanidad está inmersa en controles informáticos; prácticamente todo interactúa y gira en torno a ellos. En el desarrollo y planificación de aplicaciones es absolutamente normal que los desarrolladores confeccionen una línea de "puertas" a cada aplicación, llamadas APIs. Dichas puertas están abiertas para que otros programadores tengan la posibilidad de ingresar a la aplicación para captar de ella más información o crear a partir de allí, mucho más.

Por lo general cada web o programa cuenta con sus APIs, es decir; representa un protocolo, un acuerdo, contrato, una manera reconocida en la cual se atrae a la aplicación con una organización de datos. Es a través de esta puerta, por medio de la cual se obtendrá una respuesta con la conformación de datos predecibles. Todo ello, para que la comunicación sea lo más efectiva posible, no falle; y con ello un óptimo funcionamiento de los programas.

Un contrato así, con estas condiciones, características y libertades no está garantizado. Tiene su servidor de aplicación abierto y está controlado por algún programador o grupo de desarrollo, quien o quienes tienen la capacidad y libertad de hacer cambios para que, de un momento a otro, todo funcione diferente. Se trata de un contrato o plataforma centralizada y puede mutar instantáneamente según la decisión y determinación de un tercero. Esto no es un contrato, plataforma, red, o aplicación Smart.

Todos necesitamos y requerimos entornos predecibles, incorruptibles y transparentes. Los contratos inteligentes Smart Contracts son piezas de códigos muy similares, tienen formas de llamarlos y recibir de ellos unas respuestas; tienen un contrato que por demás está protegido contra daños e invasiones por parte de terceros, gracias a que se encuentran distribuidos en millares de nodos los cuales no tienen forma ni manera de alterar su contenido. Así pues, se podrá obtener un programa que constantemente estará comportándose igual sin requerir de la atención y supervisión de un tercero.

Condición que para prácticamente cualquier uso es realmente necesario. Los Smart Contracts como ya se puede ver, son programas que siempre se comportarán igual y se establecen en la nube, permitiendo y facilitando el almacenamiento y resguardo de información y datos que no podrá ser modificada a traición. Estos son los programas más fiables, seguros y confiables que nunca habían sido creados por la humanidad, los cuales solo fallan o dan error cuando han sido mal programados.

Para crear o programar un Smart Contract existen y están dados ciertos y determinados pasos seguros y garantizados. Tomemos el ejemplo de una web page que acepte pago con criptomonedas, en este caso Ethereum. Ningún usuario o inversionista querrá perder su dinero, siempre esperará una rentabilidad de vuelta o que la inversión genere más y más dividendos.

Como equipo, conjunto o grupo, todas estas cualidades, además de brindar la oportunidad de construir novedosos y valiosos recursos financieros sobre la Blockchain o Cadena de Bloques, también está el hecho de que cada contrato inteligente diseñado por programadores o programas, tenga las probabilidades de innovar en el ámbito de aplicaciones, abriendo las puertas a que probablemente comiencen a surgir hasta de forma espontánea; las primeras KIllers Apps o aplicaciones revolucionarias en estos ámbitos que ajusten internamente una compra, venta o negociación con la utilización de monedas digitales, según sea la situación.

Estos son los pasos para generar un Smart Contract

1.Entre el usuario y la página web se genera y envía una clave pública.

2.Se crea la primera transacción sin enviarla, colocando como ejemplo 3ETH en un output que necesita el usuario la web para firmarlo.

3.El usuario deberá enviar el hash de la primera transacción a la página web.

4.El portal creará de forma automática una segunda transacción que se corresponde con el contrato.

5.La primera transacción se consume en esta segunda y es devuelta al usuario por medio de la dirección suministrada en el primer paso de generación. Dado que la primera transacción requiere de dos firmas, uno por parte del usuario y otra por parte del portal web, esta operación aún no está terminada ni completa. Aquí la siguiente acción importante, por demás importante que toma el nuevo parámetro: nLockTime. Este se puede añadir, por ejemplo, en una transacción de Bitcoin, determinando una fecha futura que bien podría girar en torno a 4, 5 o 6 meses. En ese período, los fondos no podrán ser incorporados a ninguna transacción. A continuación, el Sequence Number del input también se posiciona en 0.

6.Por último, la transacción será devuelta al usuario sin firmar. El usuario comprobará que las monedas volverán todas a su posesión y que todo está en perfecto orden. Desde luego, transcurridos los meses estipulados con nLockTime. Al tener en 0 el Sequence Number, el contrato se podría modificar a futuro si así lo consideran las partes participantes. ¿Cómo puede un usuario recuperar sus fondos si los administradores de la página web desaparecen?

7.Es conveniente tener en cuenta que el script de input (Instrucciones registradas y grabadas en cada transacción) aún no han llegado a su término. El espacio de tiempo o lapso de espera para la firma del usuario sigue todavía formado por un conjunto de ceros, una vez que el portal generara la segunda transacción. Lo único que estaría pendiente por efectuar sería la firma del usuario en dicho contrato.

8.A partir de este momento, transcurridos los meses establecidos y que se establecieron si se procesaban tanto la primera transacción como la segunda y los 3ETH de la primera transacción, se devolverían al usuario en referencia.

Como se puede ver, se trata de un proceso sencillo, fácil, práctico y seguro de realizar que no exige mayores o dificultosos pasos de registro para la creación, seguimiento y estatus de trámite.

Un procedimiento paso a paso que genera confianza y calidad con la garantía de cumplir y hacer cumplir entre las partes, los acuerdos que serán el hilo conductor de comunicación precisa y efectiva, sosteniendo en el tiempo la presencia en una red global de servicios, beneficiosa, descentralizada y libre de altos costos y gastos operativos.

Un poco sobre Smart Contracts en Ethereum

Ethereum es uno de los proyectos y plataformas más renombradas y populares dentro de la sección de los Smart Contracts. Es, como hemos dicho; una plataforma computarizada muy bien distribuida y que está fundamentada una Blockchain o Cadena de Bloque abierta o pública, similar a Bitcoin y que también nos da la oportunidad de procesar contratos inteligentes P2P entre nodos y sin ningún tipo de los conocidos servidores centrales en una máquina virtual descentralizada, la llamada EVM Ethereum Virtual Machine.

Toda la teoría utilizada y contenida en Bitcoin, es la base de Ethereum para estar distribuido. Tiene su propia moneda, sus equipos de mineros y por si fuera poco; su propia Blockchain entre muchos otros elementos constitutivos, pero muy a diferencia de Bitcoin, Turing Completo; un novedoso intérprete de lenguaje de programación indiscutiblemente extenso es una de las más brillantes creaciones de Ethereum, admitiendo la incorporación de gran complejidad inmersa en su Cadena de Bloques.

Es decir, fácilmente se le puede comparar con un ordenador distribuido, suministrándose y valiéndose de su propia moneda (Ether), como el combustible inyector necesario para el contrato y así, de esta manera pueda ser ejecutado por los mineros. Significa esto que ahora con Ethereum cada contrato resulta ser a partir de entonces como un programa con múltiples funciones y alternativas. No obstante, para este caso, hay algo repetidamente criticable, el hecho de tener que haber creado toda una completamente nueva a partir de cero, teniendo que desistir a la red de Bitcoin, la principal y más poderosa en el mundo.

Todo lo que has leído, visto y oído sobre criptomonedas, Blockchain, Turing Completo, Forks, Smart Contracts, etc. existe; lo es en la red y se mantiene activo en la criptogalaxia, sin ser algo tradicionalmente tangible que tocas y guardas en tu billetera física, o colocas sobre tu escritorio, existe porque los ves y lo lees en la pantalla de un ordenador o un teléfono móvil mediante alguna aplicación, no más de allí.

Viendo como el mundo cripto y sus dinámicas prácticamente mueven sueños, ideas, proyectos, cambian estilos de vida y la economía del planeta, generando conocimiento y desarrollando inteligencia; nos toca imaginar la infinidad de saltos y movimientos, giros y transformaciones socioculturales que paulatinamente irá dando nuestra vida cotidiana y manera de ver las cosas, incluso el diario acontecer desde casa hasta lo laboral, como en las ciencias y artes del mundo.

Imagina a un grupo de inversores planificando en los próximos años planes urbanísticos y diseñando sus Smart Contracts para definir planes de venta y su reinversión de fondos a favor de nuevas acciones. De esta manera los interesados comprarían mediante la tecnología de Blockchain y la posesión de sus bienes amparados por Smart Contracts. Así se garantizaría que cada unidad construida y vendida tendría transparencia y seguimiento debido en la gestión de gastos.

Sería esta una nueva modalidad de venta de inmuebles y una innovación en el mundo de bienes raíces.

Como has podido comprobar y visto hasta el momento, son muchas las plataformas tecnológicas que van juntas en una carrera hacia la excelencia, buscando aportar la mejor alternativa en soluciones tecnológicas de alta gama en un ambiente de creatividad constante, donde todos van con un objetivo y un propósito en común: Hacer declinar puntos de fricción en los sistemas operativos tradicionales, garantizando con sus propuestas economizar tiempo y dinero a favor de la gente, prospectos y usuarios.

CAPÍTULO 13
ENTENDIENDO LAS DAPPS

L as DApps (Decentralized Applications) son sencillamente aplicaciones descentralizadas. Se trata de un estilo de aplicación que tiene una funcionalidad basada, como su nombre lo indica; en redes descentralizadas de nodos interactuando todos entre sí dentro de la red. Si hablamos de aplicaciones descentralizadas, es porque también existen aplicaciones centralizadas.

Las aplicaciones centralizadas son aquellas que frecuentemente utilizamos desde internet y vienen controladas por una entidad única o central, una persona o grupo, una institución o una empresa, a través de la cual se rigen y regulan todas sus funciones, protocolos y sistemas operativos alojados en sus servidores. Esta entidad tiene el control total de la arquitectura que compone la aplicación. La aplicación centralizada gozará de prestigio, reconocimiento y aceptación, solo si los usuarios le respaldan. Un claro ejemplo de una aplicación centralizada es una entidad bancaria.

Por su parte las DApps son aplicaciones que no dependen de funcionar instrumentadas por parte de puntos de control monitoreado o servidores centrales, sino que funcionan con base en una red descentralizada distribuida a nivel mundial. Una red en sobre la cual sus usuarios y suscriptores son quienes llevan el verdadero y total control de funcionamiento.

Las DApps permiten a los usuarios acceder a todos sus servicios de una manera confiable y segura. Estas DApps bien se pueden utilizar desde la web, a través de un teléfono móvil o mediante una computadora.

Aclaremos un poco más qué son las DApps, para ello representaremos la explicación con ejemplos de nombres comunes y ya tradicionales de aplicaciones y que quizás en este preciso momento estés utilizando. En la categoría de aplicaciones tradicionales tenemos que mencionar sin duda alguna a Facebook, YouTube, Instagram y Twitter. En estas aplicaciones y también redes sociales, los datos e información, así como decisiones se toman en sus servidores centrales.

Esto le da a la empresa detrás del nombre, la potestad de sancionar, limitar y censurar contenido, afectando en negativo o beneficiando a otros según sean sus consideraciones particulares, con lo cual podrían poner ante una condición de juicio a usuarios o seguidores que pudieran verse afectados por alguna medida tomada arbitrariamente y que según las normas y condiciones de la aplicación centralizada, no debió sucede; publicar o transmitir contenido inapropiado o indebido que infringe las reglas.

La existencia de DApps no resulta algo reciente o nuevo. En un principio la DApps se dieron a conocer en los protocolos de compartición de archivos, como por ejemplo DC++ o BitTorrent, aplicaciones del sistema Peer-To-Peer con características de compartición de archivos con resistencia alta a la censura. Manteniendo siempre una posición relevante en la red, está Bitcoin plataforma digital, siendo la primera DApp utilizando Blockchain. Resalta este hecho porque su estructura y funcionamiento describen con total éxito a la primera DApp Blockchain en la historia.

Llegado el año 2014 y luego con la presentación del proyecto Ethereum y su lenguaje Solidity junto a la capacidad de ejecutar Smart Contracts, las DApps crecieron en masa. Por fortuna esta triada permitió a las DApps, funcionar sobre la Blockchain; ganar más popularidad. Una oportuna situación que bien podría impulsar la adopción masiva de Blockchain como tecnología de punta, aportando nuevas formas de interacción entre usuarios, mundo real y virtual.

Ampliando el espectro conceptual de las DApps y tratando de conocerlas un poco más, veamos algunas diferencias de interés entre una DApp y App tradicional, teniendo presente que ambas cuentan con muchos elementos en común. Sin embargo, las diferencias principales radican en cuál y cómo es su interacción entre estos elementos.

Estas aplicaciones tienen tres condiciones o estructuras fundamentales: Frontend, backend y capa de almacenamiento de datos.

Frontend

Es la primera capa de la estructura. Se trata de la interfaz utilizada por los usuarios y por medio de la cual interactúan con la aplicación. Es este el caso en el que tanto las DApps como las Apps tradicionales, están en libertad de hacer uso de su inmensidad de recursos gráficos dispuestos para tal fin.

Esto va desde interfaces web desarrolladas en escritura HTML5 hasta las más elaboradas en mayor detalle, en framework como Qt o GTK. Esta primera capa tiene como simple finalidad, dar al usuario la oportunidad de interactuar mediante el envío y recepción de información con la aplicación que esté utilizando.

Backend

Es la segunda capa de la estructura. Esta capa tiene como objetivo, hacer referencia a la lógica principal de la aplicación. Para una aplicación tradicional, se trata de lógica centralizada, a diferencia de las DApps para la cual su lógica es descentralizada.

En las DApps, el backend guarda estrecha relación con un Smart Contract, pues se ejecuta sobre una Blockchain. Como ejemplo se tiene el caso de Ethereum. Aquí queda demostrado como un Smart Contract cuenta con una programación que garantiza el funcionamiento óptimo de la DApp. Al ser los Smart Contract visibles y públicos, se da por garantizado un nivel de transparencia y seguridad suficientemente alto. Sus usuarios y participantes, podrán sentirse seguros que la DApp no tomará acciones arbitrarias o hará nada distinto a lo acordado y que se especifica el Smart Contract.

En otro orden de ideas, debemos agregar que el backend está soportado por las API (Interfaz de Programación de Aplicaciones) y por las capacidades de la Blockchain. En Ethereum se alojan diversas API que sirven para controlar la interacción de sus usuarios o suscriptores con las capas de almacenamiento o autenticación.

Capa de almacenamiento de datos

Es la tercera capa. Para las aplicaciones tradicionales, esta es también una capa centralizada. Por lo general los datos son almacenados en el ordenador del usuario y también en servidores que son controlados por terceras entidades, personas o empresas.

Esta estructura de trabajo, lamentablemente presenta una cantidad numerosa con muchos puntos de fallos. Por ejemplo, un usuario podría perder toda la información base que tiene almacenada sobre la aplicación en un caso que su computador se llegara a dañar.

Otra situación puede ser que en cualquier y por circunstancias ajenas del usuario, los servidores queden fuera de servicio o sean sorpresivamente bloqueados. Todas estas situaciones limitarían y le impedirían al usuario, poder utilizar la aplicación de forma correcta, además de correr el riesgo de perder cualquier o toda la información.

Para las DApps, el almacenamiento de los datos es totalmente descentralizado. Todos los usuarios de la DApp podrán almacenar su completo historial de acciones realizadas en la red DApp. Adicional a ello, todas las interacciones serán almacenadas en la Blockchain internamente en los bloques de la misma.

Todos estos pasos de forma criptográficamente segura, evitando el acceso no autorizados por terceras entidades o personas. Así pues, si el computador o el Smartphone de un usuario se llegaran a dañar, sería suficiente usar la DApp en cualquier otro o un nuevo dispositivo para de esta manera, recuperar y salvar toda su información hasta ese preciso momento del suceso.

Sumemos a esto, que el nivel de redundancia y seguridad con los datos, va en crecimiento a medida que aumenta la media y así existan más y nuevos usuarios haciendo y dando uso a la DApp.

El funcionamiento de las DApps

Una DApp tiene un funcionamiento muy parecido a la forma de una red Blockchain. En tal sentido, cada uno de los usuarios de la DApp representa un nodo dentro de la misma red. Todo usuario, será garante del funcionamiento apropiado y correcto de las operaciones que se realizan en la misma red.

Como ya sabemos, el canal o medio de comunicación que utiliza la DApp es la Blockchain. En esta cadena de bloques, queda un registro de cada operación y transacción que transite por el Smart Contract controlado por la DApp. La aceptación o no aprobación de las operaciones realizadas por parte de los usuarios de la DApp, está supeditada a la programación de Smart Contract en cuestión. De tal manera, se pretende buscar la mejor y más confiable garantía en la red, para que así todos los participantes y usuarios actúen en el marco de lo especificado por el mismo.

El Smart Contract o contrato inteligente en este caso, viene a ser el punto intermedio que está encargado de comprobar la validez de cada interacción. A cada momento que se dé una nueva operación en la DApp, la información de la plataforma será actualizada en cada uno de los nodos. De esta manera se podrá garantizar que todos los datos queden debidamente almacenados en cada uno de ellos. Solo así, cada usuario hace su contribución en conservar de pie la aplicación con todos los recursos de su ordenador.

Esta confección garantiza también y da por sentado que la plataforma siempre estará en funcionamiento y servicio. Todo esto debido a la imposibilidad que se pueda dar de baja a los nodos de la red en su totalidad al mismo tiempo. Situación o acto que bien podría suceder y presentarse por un ataque informático o por otras razones como la censura.

Es aquí donde las DApps llevan un gran avance y ventaja muy marcada, ya que, por el hecho de trabajar y ejecutarse directamente sobre una Blockchain, gozan de sus bondades y capacidades de seguridad, privacidad e incluso; uno aún mayor: el anonimato. Adicionalmente, las DApps tienen la facultad de garantizar igualmente que la data usada por ellas solo es accesible por la persona o usuario que originó o generó dicha información. Con lo que, quienes usen las DApps mantendrán el control absoluto y firme de sus datos en todo y a cada momento.

Las DApps y sus características
Seguridad

La seguridad representa la principal característica de las DApps. Gracias a que ellas funcionan y operan directamente sobre la funcionalidad de la Blockchain o cadena de bloques, la cual utiliza criptografía dura, pudiendo así; asegurar los datos que maneja.

Este aspecto, que le da robustez a la DApp, da por asegurado que toda la información puede ser únicamente vista por aquellos que la originan o crean, el resto de quienes participen solo tendrán acceso o la posibilidad de verificar y corroborar su validez o desaprobación. Nunca la información que genera un usuario es visible por otro, jamás por un tercero.

Adicionalmente a lo anterior, todos los datos manejados por la aplicación estarán en todo momento bajo posesión y control del usuario. Las DApps no guardan ni almacenan información en la nube o en servidores externos. Esto es una excelente opción para minimizar los riesgos asociados al robo de identidades e información privada o la venta de la misma por cuenta de la empresa, transgrediendo de esta manera la privacidad de sus usuarios.

Descentralización

Una de las características que ostentan las DApps y que figura entre una de las principales, es su condición de ser descentralizada. O lo que es igual, la facultad de funcionar sin servidores centrales supervisados.

Para ubicarnos en un mejor contexto o en mayor perspectiva tengamos en cuenta el siguiente ejemplo: Facebook. Una de las principales redes sociales más utilizadas y con más seguidores a nivel mundial. Con más de 2.740 millones de usuarios, sus centros de datos y centrales de datos manipulan una carga de información titánica.

En tal sentido, mantener la infraestructura de su plataforma en funcionamiento y servicio es toda una labor colosal. Una aplicación que no ha quedado exenta de caídas y errores, los cuales han provocado que la red haya quedado inoperativa y fuera de servicio a escala global. Todo ello ocurre simplemente porque Facebook es una red social centralizada.

Una DApp está libre de este punto de fallo gracias a la cualidad de descentralización. Cada uno de los usuarios de la DApp cuenta con su propio historial completo de todas las acciones llevadas en la DApp.

Algo así como una réplica o grabación global de todo lo que ha sucedido en la aplicación.

Debido a esto, y a que su ejecución se aloja sobre una Blockchain, es suficiente con que un solo usuario esté activo para que la red siga su funcionamiento sin contratiempos ni problemas. De esta forma, queda garantizado en su totalidad que la DApp y su red funcionarán a la perfección y no le ocurrirá una caída global como suele pasar con Facebook.

Código abierto

Resulta ser una característica bastante común que tienen las DApps. El hecho de que el código fuente de una aplicación esté disponible, es garantía de un muy alto nivel de transparencia para las DApps. Esto gracias a que la comunidad siempre podrá lo que hace la DApp.

Una DApp como aplicación descentralizada siempre podrá permitir la realización de auditorías comunitarias, con lo que cualquier persona con los conocimientos precisos, tendrá a su mano la facultad y libertad de poder revisar el código fuente de la aplicación. Esto es algo permitirá mejorarla y, en cualquier caso, dar continuidad con su desarrollo, si por algún motivo el proyecto fuese abandonado por sus creadores originales.

Todas y cada una de las DApps mantienen firme y en forma pública su código fuente suscrito en sus Smart Contracts y las demás partes de la aplicación. De esta manera, cualquier persona puede examinar el código fuente, mejorarlo o forkear (Bifurcar) directamente.

Herencia Blockchain

Las DApps interactúan directamente sobre la Blockchain desde la cual se ejecuta su propio Smart Contract. Esto quiere decir, que cada interacción en la DApp genera su propia entrada de datos en la Blockchain. Luego se procede a almacenar estos datos de forma criptográfica para posteriormente darle su carácter de transparencia y seguridad. Todas estas acciones se pueden revisar públicamente en el explorador de bloques de la Blockchain.

Únicamente podrán ser vistas las interacciones criptográficas, los datos en su totalidad quedan almacenados de forma criptográfica como hemos indicado en reiteradas ocasiones, todo en forma segura.

Adicional a ello, y al hecho de que una DApp funcione sobre una Cadena de Bloques o Blockchain, indica que, para verificación y comprobación de cada interacción, será utilizado un protocolo de consenso.

Acá se aplica el de la Prueba de Trabajo (PoW) o el de Prueba de Participación (PoS), caso contrario; cualquiera que elija el desarrollador de la DApp. Solo con ello será posible garantizar el mismo nivel de seguridad que debe ser aplicado a la Blockchain sobre la DApp.

Clasificación de las DApps

Conforme a la dinámica actual, las DApps pueden ser clasificadas en tres categorías. Estas son:

DApps Tipo I

En la clasificación Tipo I, se agrupan a todas aquellas DApps cuya cadena de bloques o Blockchain es propia. Es decir, aquellas que cuentan con su propia construcción y no dependen de ninguna otra Blockchain para ejecutarse. En este sentido, Bitcoin está reconocida como la primera DApp Blockchain en sí misma que ha existido. Esta es una condición que también aplica para Bitcoin Cash, Litecoin, Ethereum, Dash, Monero, entre muchas otras.

DApps Tipo II

En la clasificación Tipo II, se agrupan y nos encontramos con todas aquellas DApps que van a depender de una Blockchain externa y de sus propias características para funcionar y así ejecutarse. En este sentido, estas DApps pueden funcionar utilizando sus propios tokens o los de la Blockchain sobre la cual se están soportando para ejecutarse. Un ejemplo en este tipo de clasificación lo encontramos en Golem.

Golem es una DApp que, para ejecutarse, se apoya sobre la Blockchain de Ethereum. Golem fue creada con el propósito de permitirle a todos sus usuarios, rentar recursos e implementos de computación para el procesamiento de datos y ser aplicado en distintos usos. Imagina a Golem como una gran supercomputadora descentralizada en la que podemos alquilar "poder de procesamiento".

Para poder lograr y ofrecer esto, Golem cuenta con un token ERC-20, el GNT (Golem Network Token). Este token es utilizado para efectuar pagos a los usuarios que alquilan su poder de cómputo y para otro tipo de actividades dentro de la red.

DApps Tipo III

En la clasificación Tipo III, se agrupan aquellas DApps que utilizan al grupo de DApps del Tipo II para su ejecución y funcionamiento. Por lo general, las DApps Tipo III, usan los tokens de las DApps Tipo II, para poder realizar sus operaciones.

Un ejemplo de estas DApps apalancadas en las Tipo II es Safe Network. Safe Network es una DApp que se apoya en Omni Layer, una DApp de Tipo II, dedicada para generar la Safecoin, su criptomoneda nativa. Su criptomoneda Safecoin, es utilizada en la DApp Safe Network con el objetivo de realizar todas las operaciones disponibles dentro de dicha DApp.

Algunas limitantes en las DApps

• Nivel de dificultad para explotar el potencial total del hardware en los dispositivos de sus usuarios.

• El nivel de complejidad en la aplicación ocasionalmente puede dificultar su depuración y revisión de seguridad.

• Desarrollo supeditado de DApps según el enriquecimiento de actualizaciones dentro de la estructura Blockchain.

• Conflicto para instaurar funcionalidades necesarias para el desenvolvimiento correcto de las DApps.

Las DApps más conocidas

CryptoKitties

Lanzado al mercado como uno de los juegos pioneros del mundo que se ha creado basado en la tecnología Blockchain. CryptoKitties, está dedicado a coleccionar "gatitos virtuales únicos". Cada uno de los gatitos ofertados y coleccionables tiene sus propias características y propiedades que los hacen distintos a todos. La rareza extrema representada en esta DApp es la que puntualmente le da tanto valor y la convierte en la criptomoneda del juego.

El usuario puede comprar los gatitos los cuales también pueden ser vendidos, recibiendo así su propiedad de forma virtual. Además, con estos gatitos tienes la opción de hacer familia, ya puedes hacer "cría" de gatitos en CryptoKitties. Para esto solo tendrás que unir un par de gatitos para crear una descendencia genética única, la cual mantendrías, criarías más adelante o venderías para hacer tu negocio felino digital.

CryptoKitties se ejecuta sobre la Blockchain de Ethereum, y es una DApp del Tipo II.

Nash

Al igual que CryptoKitties, Nash es una DApp del Tipo II y que requiere de la Blockchain de NEO para ejecutarse. El objetivo principal concebido por Nash, es el de ejecutar un motor de coincidencia Off-Chain que permita en el usuario intercambios mucho más efectivos, rápidos y complejos a los intercambios descentralizados existentes.

Saturn Network

Saturn Network es una DApp de intercambio descentralizado para la comercialización de tokens ERC-20 o ERC-223. Su funcionamiento se basa en una Cross-Chain que está disponible tanto en Ethereum como en Ethereum Classic.

Saturn Network ofrece a la red, un sistema de intercambio expedito y sin grandes esfuerzos, ya que no exige ni precisa rellenar un KYC o realizar la configuración de alguna cuenta.

Crazy Dogs Live

La DApp Crazy Dogs Live es un sistema de juegos y de apuestas enfocado en la creación de una plataforma transparente, divertida y segura para sus usuarios y comunidad en general. Crazy Dogs Live está entre las competencias y carreras caninas con un conjunto funciones innovadoras en minería de apuestas y transmisiones en vivo.

Crazy Dogs Live les permite a sus jugadores interactuar entre ellos disfrutando de toda una amena y divertida actividad con juegos, en la medida que también obtienen ganancias. La plataforma se encuentra en el diseño y planificación de su próximo lanzamiento con nuevas características en un futuro cercano para que todo el ecosistema del juego se crezca exponencialmente.

Crazy Dogs Live es una DApp Tipo II que se ejecuta sobre la Block-chain de TRON.

"Con esta nueva tecnología en libertad, algunas personas podrían sentirse electrificados por la idea de descentralizar todas las cosas".

Ricardo Ollarves

Todos quienes actualmente utilizamos internet, no tenemos ningún tipo de control sobre los datos que solemos visualizar, ver y compartir en la web. De entre las muchas plataformas existentes, Ethereum está considerada por muchos expertos como la única que suma esfuerzos e intenta manejar su Blockchain o cadena de bloques como un estilo de mejorar lo que sus diseñadores consideran es una parte de la problemática del diseño del Internet.

Tengamos presente que las aplicaciones descentralizadas DApps, son aplicaciones ejecutables en una red P2P de ordenadores en lugar de uno solo. Las DApps han existido desde que aparecieron las redes P2P. Estas aplicaciones están diseñadas en un estilo de programas de software diseñado para coexistir y alojarse en Internet de una manera que no está monitoreada y controlada por una sola entidad.

Estas aplicaciones del tipo DApps lograron establecerse como una manera de reducir el impacto y acción de terceros en las funciones propias de una aplicación, simplemente ellas conectan a sus usuarios y proveedores directamente.

Un caso interesante e ilustrativo del uso de DApps para redes sociales sería por ejemplo para un Instagram descentralizado y resistente a la censura. Es decir, una vez que publicas un post en su Blockchain, este no puede ser borrado ni siquiera por la compañía creadora del sistema de microblogging.

A diferencia de las aplicaciones tradicionales centralizadas, donde el código de Backend se ejecuta en servidores centralizados, las DApps tienen su propio código de Backend en una red P2P descentralizada y desde allí acceden a ellas mediante el ya conocido Smart Contract o contrato inteligente.

Las DApps son pues, aplicaciones descentralizadas (Decentralized Applications) que utilizan la Blockchain para ejecutarse y a su vez todos sus usuarios se relacionen directamente y confiadamente entre ellos, para cerrar acuerdos de su conveniencia sin que exista una entidad central que les gestione, censure, supervise o monitoree el servicio.

CAPÍTULO 14
LAS ICOS DE CRIPTOMONEDAS

nitial Coin Offer (ICO) por sus respectivas siglas en inglés, Oferta Inicial de Moneda; son en el mundo de las criptomonedas toda una revolución en la financiación empresarial alrededor del mundo, utilizando toda la fuerza que despliega su tecnología basada en la Blockchain.

Las ICOs hacen posible alcanzar financiamientos para materializar grandes proyectos a corto plazo de manera confiable, rápida y sencilla. Dentro del espectro que representa el criptomundo, las ICOs son mucho más que recursos factibles para la financiación, son una herramienta poderosa a favor de todo tipo de inversión.

Imagina de nuevo a aquel grupo de personas que se reunió e invirtió para comprar el vehículo Tesla autoejecutable, tráelos de nuevo a tu mente y ambienta el financiamiento de esta iniciativa. Gracias a las ICOs, todo esto es posible. Una ICO es un instrumento o recurso financiero que hace realidad este tipo de planes y proyectos, donde resulta por demás atractivo, al no tener de por medio la participación de la usual burocracia administrativa y legal que ya conocemos y que suponen las vías de financiación tradicionales.

Las ICOs son un nuevo tipo o modelo de financiación colectiva o grupal que está tomada de la mano con la tecnología Blockchain. Una modalidad que revoluciona al planeta en su totalidad y al cripto-mundo, produciendo beneficios que superan en demasía al 50.000% en ciertas ICOs criptomonedas.

Por medio de una ICO, lo que se pretende buscar es la financiación de una iniciativa por medio de la emisión de una moneda desde la cadena de bloques, tecnología Blockchain, criptomonedas. El inter-cambio con estas criptomonedas, al igual que las ya existentes, puede realizarse sin mayores complicaciones. También pueden ser vendidas y compradas con total libertad, siendo el propio mercado a través de sus usuarios el que fije su precio de colocación como base para la oferta y demanda. Significa esto, que, si se compra a un determinado precio y se logra vender a otro mayo, se producirá una interesante ganancia y beneficio por la operación efectuada.

Las ICOs son un recurso que gana terreno y se hace presente a diario dentro de las diversas acciones operativas en la red y toda su comunidad, permitiendo el sostenimiento económico como parte de interesantes proyectos que son apoyados entre los usuarios, quienes entienden su ponderación y los beneficios que pueden alcanzar a través de ellas.

Conozcamos más en detalle qué son las ICOs de criptomonedas, y para tal propósito, debemos comenzar desde sus bases, desde el princi-pio. Para ello debemos saber y entender qué es tradicionalmente una financiación para después describir en detalle, ¿qué es una ICO? Inclu-yendo ventajas, ejemplos y precauciones entre muchos otros aspectos. Así conoceremos un poco más lo que viene significando esta evolución en el mundo de las criptomonedas.

La Financiación 1.0

Comencemos conociendo un poco qué es la financiación, en parti-cular la Financiación 1.0. En la actualidad además de iniciativas, hablamos de emprendimientos, los cuales se crecen en tiempos de crisis.

Para llevar a la práctica y lograr materializar estas ideas o inquietu-des, siempre será necesario un importante aporte o inversión econó-mica. En todo y ante cualquier aspecto o momento de la iniciativa, estaremos sujetos a una serie de gastos necesarios por muy pequeños y grandes que estos sean, el dinero será imperativamente necesario.

Desde lo tradicional y cultural, ante la falta o requerimiento de recursos económicos personales o empresariales, la solución para cubrir estos gastos, ha estado presente gracias una o a la combinación de las tres formas siguientes: Financiación por solicitud de préstamos, financiación por subvención (concesión de dinero) y Financiación por venta de acciones.

Financiación por solicitud de préstamos

El carácter básico de este modelo de financiación consiste en pedir dinero en calidad de préstamo. Estos préstamos suelen ser solicitados o pedidos a cualquier persona o entidad que esté en la capacidad de cubrir esta petición. Se trata pues, como se dijo; de particulares o empresas, de entidades financieras, bancarias o incluso instituciones gubernamentales, entre muchas otras opciones. El prototipo más común para este tipo de financiación es el siguiente:

Recibes en calidad de préstamo una cantidad X de dinero que deberás pagar en Y período de tiempo, pagando un interés del Z% mensual. El interés representa el beneficio que adquiere el ente presta-mista por la negociación.

Bajo este formato de financiación permites no otorgar ningún tipo ni cantidad de acciones de tu empresa por concepto de negociación. Con esta solicitud de préstamo se puede lograr una financiación que permitirá desarrollar el producto para revalorizar a su vez, a la empresa. Es decir, una manera de revalorizar todas las acciones de la organización o proyecto.

Financiación por subvención (Concesión de dinero)

La financiación por medio de subvenciones pudiese estar asociada o no a un préstamo propiamente dicho. Por lo general estas financia-ciones son entregadas u otorgadas por organismos gubernamentales y regularmente no están sujetas a una condición de devolución del dinero o cargos por concepto de intereses.

Mediante una subvención, el emprendedor o la empresa no entre-garán ningún tipo de acciones o bienes compartidos producto de la actividad de la empresa.

Financiación por venta de acciones

Uno de los procedimientos más comunes y tradicionales usados para lograr la financiación de un proyecto, llamémosle así; es la venta de acciones. Estas ventas se realizan de forma privada entre familiares, amigos o inversores destacados o por medio de una Oferta Pública de Venta (OPV). En esta figura de venta, el emprendedor podría dar inicio a su iniciativa, logrando captar el interés de otras personas con las cuales compartiría parte de su proyecto a través de las acciones.

Mediante la Oferta Pública de Venta (OPV), una empresa, por ejemplo; podrá postular 1.000 acciones que serán compradas al momento inicial en un precio determinado. De esta manera la empresa ya se ha financiado, con la colocación y negociación de dichas acciones. Estas acciones son una representación de la participación en la empresa y también de sus propios beneficios.

Cuando en una empresa la actividad productiva y comercial está en marcha y luce bien, gana más dinero y por ende sus acciones crecen en valor con el paso del tiempo. Esto permitirá que las acciones generen grandes e importantes dividendos, lo cual quiere decir a su vez, que la empresa otorgue la parte de sus ganancias que corresponda a cada uno de sus accionistas de forma periódica.

Estos son los motivos por los que siempre existirán personas (inversores) interesados en adquirir o comprar acciones a un precio incluso mayor al de salida. Acto seguido, la persona que haya comprado cierta o determinada cantidad de acciones, estará en plena libertad de intercambiarlas por otros bienes, servicios, dinero fiat o criptomonedas a otros compradores interesados. El inversor que venda sus acciones adquiridas a cierto valor, verá beneficios si realiza la transacción a un precio mayor que el de la compra inicial.

La Financiación 2.0

Para salir y participar en la bolsa se deben cumplir enormes y grandes exigencias, lo cual en reiteradas ocasiones representa un problema de peso para las empresas. Es por ello que, ante estos fuertes y cerrados requisitos de solicitud, se dio la oportunidad nuevamente a la creatividad y así surgió hace pocos años el ya muy popular término Crowdfunding (2006), que es una recaudación de fondos.

Esta actividad ya existía, solo que la palabra "crowdfunding" aparece por vez primera y según registros, en un artículo publicado por Michael Sullivan en su blog "fundavlog", el 12 de agosto de 2006.

Dando un breve vistazo a la historia, podríamos decir que

Alexander Pope (1688) famoso poeta inglés; se encontraba traduciendo al inglés la obra maestra de la literatura griega "La Ilíada" de Homero. Alexander no contaba con fondos económicos ni el dinero necesario para dicho trabajo. Por tal motivo se ideó una campaña de recaudación de manera muy creativa para dar solución a su problema.

Alexander Pope le brindó a la gente la posibilidad de invertir cierta cantidad de dinero para ayudarle a publicar el primer volumen y luego recibir una copia una vez terminado el trabajo, algo así como tipo preventa.

Pope creó una simple campaña con las siguientes palabras:

"Esta Obra se imprimirá en seis volúmenes, en el papel más fino; con Adornos y Letras iniciales grabadas en Cobre".

Participaron 750 personas fueron sus patrocinadores y a todos se les saludó con sus nombres en el manuscrito. Tal vez sea este el primer proyecto comercial con "recompensa" de la historia financiado colectivamente.

Regresemos a nuestro momento, año 2021 y sigamos ofreciendo detalles sobre el crowdfunding.

El crowdfunding es una de las tantas formas utilizadas para lograr conseguir y recaudar dinero como también otros recursos, a través de una red de personas, llamados mecenas. Para lograr los fondos o recursos, se determina un espacio de tiempo que por lo general es un mes, y en dicho periodo es cuando se debe recaudar el dinero. Este es un dinero que se debería utilizar para la financiación del proyecto, no obstante, nada garantiza que realmente sea así.

Cada día vemos más y más webs dedicadas a la creación de crowdfunding. Esto sucede porque a través de Internet se permite que más personas en todo el mundo tengan la posibilidad de promocionar sus proyectos con ánimos de lograr financiarlo con las personas interesadas en apoyar.

Aunque son muchos los tipos de crowdfunding sobre donaciones, recompensas, acciones, préstamos, royalties, etc. que podríamos encontrar en la web, es muy normal que, debido a la burocracia y a los altos costos, las inversiones sean consideradas o tomadas simplemente como donativos con la expectativa de recibir algún descuento, reconocimiento u otro tipo de beneficio.

Llegan las ICOs Financiación 3.0

ICO es en el criptomundo de la Blockchain, la captación y atracción de financiación a través de la venta de una criptomoneda. ICO, Initial Coin Offering por sus siglas en inglés, es Oferta Inicial de Monedas.

Las ICOs dan un vuelo de libertad a la financiación de las iniciativas, ideas o proyectos. Y ese vuelo se da al permitirse que cualquier persona en el mundo solicite financiar o financie una idea en tan solo unos cuantos segundos. Como resultado, quien proponga el proyecto, recibirá un activo digital sencillo de negociar, destacando la imagen de un mundo global cercano, unido y sin fronteras.

Una ICO no significa ni pretende suponer la creación de una criptomoneda. Nunca representa una labor previa de minería, tampoco emitirla y mucho menos crear un Smart Contract o Colored Coin. Todo resulta ser indiferente e incluso y puede nunca haber convivido con una ICO. Una ICO es el proceso por medio del cual se distribuye y despliega, normalmente cobrando una criptomoneda en una fase temprana de desarrollo de alguna actividad o iniciativa. Esta moneda digital podrá usarse en el proyecto, y así, lograr el objetivo de financiar dicho desarrollo, programa o plan.

Es tal el crecimiento constante y efectivo que han experimentado y siguen representando las ICOs de criptomonedas y otros proyectos Blockchain, que las inversiones recaudan por las empresas superan demostrativamente a la típica inversión tradicional recaudada de todas las StartUps.

Muchas son las criptomonedas que continúan apareciendo desde el nacimiento de Bitcoin, la precursora de este movimiento. Existen miles de miles, pero su surgimiento y la forma como vienen apareciendo varía notablemente de unas a otras.

Desde el año 2009, cuando Bitcoin entró en actividad y hasta el 2014, en líneas generales, lo corriente o tendencia era que las nuevas criptomonedas basaran su actividad en una emisión asociada a un algoritmo. Veamos, por ejemplo, el algoritmo PoW (Proof of Work) o también al PoS (Proof of Stake). En este punto, PoW es lo más común al ser el formato utilizado por Bitcoin y prácticamente por la gran mayoría de criptomonedas existentes.

Las criptomonedas que se basan en PoW o PoS admiten una forma libre de distribución del total de las criptomonedas que se minan, las cuales aparecen en el periodo de distribución. Muy en la distancia de las ventajas y desventajas de cada algoritmo, la realidad es que en ellos no existe ninguna entidad centralizada que sea encargada de emitir las nuevas criptomonedas, por el contrario, estas se minan. Esto se da por la presencia o existencia de un programa con ciertas y determinadas reglas bien claras para toda la comunidad, la cual permite la minería de las monedas, no su emisión, y que a su vez haya que competir por ello.

Se pretendía que todo esto iba a cambiar paulatinamente y de forma gradual. Para el año 2013 salieron a la luz las primeras iniciativas que, aunque antes de hacer público el software de las monedas digitales, sus promotores y desarrolladores se encargan de minarlas por adelantado y en modo privado. Era esta una forma bastante práctica de financiarse a futuro. A esta acción se le conoció como pre minería de monedas o monedas pre minadas.

En estas operaciones de monedas pre minadas, los promotores y desarrolladores se guardaban para sí una gran parte de las monedas para después. De esta forma y una vez que la moneda comenzara a cotizar, la podían ir vendiendo y así recuperar su inversión previa y de paso, en ocasiones, hasta llegar a hacerse ricos.

Frente a este tipo de actividades y prácticas vinieron asociadas fuertes y duras críticas por parte de la comunidad. Por estar fundamentados en claros y evidentes entornos de desventaja, estos ejercicios de pre minería, se les asociaba a modelos injustos.

Ethereum apareció en el año 2014, y con su llegada a la red criptográfica no solo se buscaría una redefinición efectiva de la tecnología Blockchain, sino también de los sistemas de financiación tradicional. Esto hizo Ethereum: Minó por adelantado sus monedas. Esto como causa fundamental al hecho de que el proyecto no entraría en funcionamiento hasta por lo menos un poco más de 1 año después.

Todas las monedas producto de la pre-minería, en lugar de ser guardadas o almacenadas fueron puestas a la venta para poder financiar la fase posterior del trabajo. En Ethereum no se dieron los primeros intentos en vender sus criptomonedas, ya que acababa de aparecer una de las primeras ICOs de criptomonedas. Gracias a esta acción Ethereum pudo capitalizar una recaudación aproximada de 19 millones de dólares en Bitcoins.

A mediados de la primera década del año 2000 las criptomonedas que aparecían pasaron de ser criptomonedas con generación apoyada en competencia, a monedas digitales con un formato en el cual los promotores de un proyecto se esmeraban en vender sus criptomonedas que habían minado con evidentes entornos de ventaja, antes que algún huésped de la red cripto pudiera hacerles competencia.

Hasta el año 2014, prácticamente todas las criptomonedas que surgían, eran monedas que de alguna u otra manera buscaban oponerse o competirle a Bitcoin o contribuían con algún cambio de importancia en cuanto al protocolo. La concepción de una nueva criptomoneda no estaba fundamentalmente basada en convertirla o utilizarla como un único instrumento o recurso de pago en una web o aplicación donde el entorno fuese muy limitado.

La indetenible revolución ICO de criptomonedas provocó un cambio total inminente. En adelante serían creadas criptomonedas para todo tipo de mercado, literalmente para cualquier cosa. De esta manera se admitió en hacer más evidente que nunca el hecho de que las criptomonedas podrían ser ponderadas como válidos activos digitales. Ahora se hablaría de criptoactivo: Tokens con todas las condiciones necesarias para representar un valor con el cual pudiera fluir con la misma velocidad, facilidad y seguridad que una criptomoneda conocida.

Desde cualquier lugar del mundo, sentados en primera fila y en primera persona estábamos presenciando y observando con plena claridad el escenario del nacimiento y dando la bienvenida al Internet del Valor. A partir de ahora y con este nuevo modelo de tokens, cualquier idea que nos viniera a la mente podía usar esta técnica y patrón para financiarse de forma cómoda y siempre confiable. Todo esto y mucho más ofreciendo, por ejemplo, un token que permitiría un cierto, determinado o tal servicio dentro de la futura aplicación de la idea o iniciativa en cuestión, por ejemplo.

Los casos que han tomado esta técnica como modelo de uso son variados y la creatividad simplemente indetenible. Con todos estos elementos se constituye un conjunto de incentivos que figuran de manera muy parecida a las acciones, cuanto más exigido sea el servicio o producto al que se ha vinculado esta nueva criptomoneda o cuanto más atractivas sean las características propias que tenga la criptomoneda su precio o valor será cada vez mayor debido a la demanda.

Recordemos lo que hablábamos en el capítulo 3 dedicado a Smart Contracts, con un Smart Contract o contrato inteligente pueden interactuar personas, usuarios o empresas, y de igual manera otros Smart Contracts y hasta inclusive máquinas. Es por ello, que basado en tan bondadosos resultados y consecuencias positivas de los Smart Contracts, se crean las ICOs de criptomonedas.

Ya lo pensaste, ¿verdad?, y la respuesta es probablemente un sí. Las mismas máquinas incluso podrían crear y lanzar ICOs de criptomonedas que otras máquinas financiarían entre ellas, todo esto por auto ejecución. Y te repito, estos escenarios son posibles y creíblemente algo totalmente normal en un futuro no muy lejano, gracias a la evolución tecnológica de la red. La inteligencia en la red no descansa.

Ethereum Tokens

Antes de conocer qué son los tokens de Ethereum, refresquemos algunos conceptos que, aunque ya los hemos visto, es oportuno volverlos a revisar.

Ethereum es, como ya lo sabes; una plataforma descentralizada en la cual se ejecutan Smart Contracts o Contratos Inteligentes, con lo cual dejamos en claro que Ethereum no es una criptomoneda. La moneda digital nativa de Ethereum es el Ether. Si alguien vende un vehículo, el vendedor recibirá los fondos respectivos, el comprador recibirá el vehículo y su derecho de propiedad; todos estos pasos de transferencias correspondientes pueden ser bien realizadas por Ethereum, gracias a su sistema de código abierto y otros importantes recursos.

Por otra parte, tenemos los tokens. Se define como token a un "algo" que tiene la cualidad y característica de representar a otra. Dentro de la cadena de bloques o Blockchain, un token suele representar por lo general un valor financiero o un activo digital. Los tokens vienen a ser tal cual las fichas de juego en un casino. Ellas representan dinero fiduciario para poder usarlas en las máquinas de juego y traga-monedas, el cual luego será canjeado por dinero físico.

Ahora, ya hemos recordado y aclarado las dos principales diferencias entre lo que es Ethereum y tokens, además debemos agregar que ambos son simplemente activos digitales que se crean al cierre de una cadena de bloques o Blockchain. Por otro lado, los tokens están prestos a cumplir la gran labor de fortalecer el ecosistema impulsando de la mejor manera la demanda de Ether, como ya se ha mencionado; la moneda nativa de Ethereum.

El token de Ethereum, al igual todos los sistemas y elementos que constituyen la red, tiene su identidad, y es ERC20, así que hablar de token ERC20 o simplemente ERC20, ya te debe sonar conocido.

Token ERC20

Las siglas en inglés ERC significan (Ethereum Requests for Comments) o Solicitud de Comentarios para Ethereum, mientras que el número 20 nos viene de la EIP (Ethereum Improvement Proposal), o Propuesta de Mejora de Ethereum, que es lugar donde se describe. Entonces, ERC20 es una interfaz estándar encargada de garantizar la interoperabilidad entre cada uno de los token.

Ahora bien, los tokens ERC20 son un subconjunto de tokens de Ethereum que se ajustan y complementan para cumplir con ciertos y determinados parámetros. Para desempeñar apropiadamente sus funciones como ERC20, sus desarrolladores le deberán establecer en su conformación, un conjunto específico de funciones establecidas en su Smart Contract que, a un nivel de alta gama, le dará autoridad para cumplir con las siguientes acciones:

- Obtener el suministro total de tokens
- Obtener el saldo de la cuenta
- Transferir el token
- Aprobar el gasto del token

Gracias a las funciones asignadas a la interfaz ERC20, los Smart Contracts y las DApps en la Blockchain de Ethereum; goza de una interacción perfecta con ellos. Además, los tokens con algunas de las funciones estándar (no todas), se les considera limitadamente relacionados con ERC20 y aun así podrían interactuar según restricción de sus propias funciones.

En líneas generales, un token ERC20 no representa en sí muchas diferencias con cualquier otro token, sino que también se ajusta al token estándar de Ethereum.

Ethereum necesita de un token estándar

Si todos los tokens que hasta la fecha han sido creados dentro de la misma red Ethereum utilizaran el mismo estándar, el intercambio de estos sería sencillamente fácil y tendrían la facultad de trabajar y ejecutarse de manera inmediata con DApps compatibles con el uso de la interfaz estándar ERC20.

Un token se cataloga de estandarizado cuando utiliza un determinado conjunto o número específico de funciones. Conociendo anticipadamente cómo será el funcionamiento de un token, sus desarrolladores podrán integrarlo en sus proyectos con la seguridad de que este funcionará apropiadamente y sin ningún tipo de temor a cometer errores. Si un conjunto de tokens presentan el mismo comportamiento, llamando exactamente a las mismas funciones, entonces una DApp podrá interactuar mucho más fácil con distintas sub monedas.

A la par que Bitcoin y Ether, los tokens ERC20 de Ethereum pueden ser rastreados en la Blockchain, el libro mayor de registro público de todas y cada una de las transacciones y operaciones producidas. Esto es posible, ya que los tokens de Ethereum representan un tipo único y específico de Smart Contract o contrato inteligente que habita en la Blockchain de Ethereum.

Actualmente el número de proyectos apalancados en la Blockchain de Ethereum es cada vez mayor como también lo son en el estándar de la interfaz ERC20 para la emisión de fichas para operar sus respectivas plataformas. Las probabilidades de que este mercado continúe en franco crecimiento con novedosas y efectivas aplicaciones diseñadas a cumplir funciones determinantes para poder interactuar entre sí, están a la orden del día. Y todas las plataformas se proyectan hacia esa meta.

CAPÍTULO 15
ETHEREUM 2.0, EL FUTURO DE ETHEREUM

Después de varios años, el tan esperado Ethereum 2.0 finalmente está aquí. La comunidad criptográfica celebró con alegría lo que muy pronto será la nueva red y ETH ahora ha vuelto a su ATH. Pero, ¿qué es Ethereum 2.0 y por qué es importante?

Ethereum fue un gran éxito en 2015. Vitálik Buterin y su equipo han introducido un ecosistema de contrato inteligente revolucionario en la industria Blockchain, que pronto se convirtió en un universo propio dentro del mercado de las criptomonedas.

Todos los desarrolladores querían crear una aplicación descentralizada en Ethereum, y la única forma de hacerlo era mediante el Crowdfunding a través de ventas de tokens. Casi instantáneamente, las Ofertas Iniciales de Monedas (ICO) comenzaron una locura de inversión que catapultó a las criptomonedas a nuevas alturas.

Los veteranos de las criptomonedas han disfrutado mucho de este período. Pero incluso en 2015, sabían que Ethereum aún tenía un largo camino por recorrer antes de alcanzar su máximo potencial. Una cadena de bloques dedicada tanto a los contratos inteligentes como a las DApps solo puede servir a un número determinado de usuarios y, en un momento dado, llegará a un cuello de botella que obstaculizará todo el crecimiento futuro.

Para deshacerse de esta limitación, la Fundación Ethereum anunció que planea migrar de Prueba de trabajo a Prueba de participación. La nueva actualización de la red redefine la forma en que los nodos validan los bloques y, al mismo tiempo, lleva la escalabilidad a un nivel sin precedentes.

¿Qué es Ethereum 2.0?

Ya sabes todo sobre Ethereum, pero ¿qué pasa con Ethereum 2.0? Los detalles técnicos pueden ser un poco complicados, pero la misión de la nueva red es bastante sencilla.

Ethereum 2.0 se basa en PoS (Proof-of-Stake), un mecanismo de consenso en el que los nodos validan transacciones y bloques apostando tokens. En este caso, cualquiera puede participar en la red y ejecutar un nodo depositando y bloqueando 32 ETH.

Cada nodo tiene la posibilidad de ser seleccionado por la red, lo que le da derecho a proponer un bloque. Si bien el proceso es un poco aleatorio en comparación con la Prueba de trabajo, los usuarios que tienen una mayor cantidad de activos aún tienen una mayor probabilidad de ganar. Si el nodo completa con éxito la tarea, el propietario del nodo gana dinero tanto por proponer el bloqueo como por verificarlo.

Los desarrolladores han pasado años tratando de descubrir cómo implementar la Prueba de participación de una manera práctica. El equipo de Ethereum creó y raspó mapas de ruta de forma regular, lo que los dejó con una mala reputación que todavía los persigue hasta el día de hoy.

Sin embargo, las cosas habían cambiado para mejor en 2019 cuando la Fundación Ethereum finalmente descubrió una solución que funciona. No solo tuvieron que pensar en cómo crear Ethereum 2.0, sino que también tuvieron que idear un plan de cómo lanzar la nueva red sin matar a la anterior.

Ethereum 2.0 vs. Ethereum

. . .

En la actualidad nos encontramos en la era de Ethereum 1.0 y la plataforma se ha convertido en la poseedora indiscutible de una segunda posición que mantiene y ocupa a discreción, siempre bajo la sombra de Bitcoin, situación que se pretende cambiar, tratando de darle a Ethereum todos los elementos que la impulsen a convertirse una referencia mucho más influyente tras una futura nueva versión.

El Ethereum que conocemos es el que en esencia minamos, pero se acerca una nueva versión Ethereum 2.0, la cual suena más a la que se aproxima, Ethereum 1.5 la cual no ha generado el revuelo que ya nos tiene en el ambiente la posibilidad de acabar con la minería de Ethereum a muy corto plazo.

El propósito de Ethereum 2.0 "Serenity" la futura nueva interacción de la plataforma junto a su moneda nativa, el Ether. Esta nueva versión renacerá con una cadena de bloques o Blockchain renovada mejorando la eficiencia integral del sistema, el número de transacciones por segundo para pagos, la escalabilidad y la desaparición de su mayor encanto: La minería de bloques de Ethereum con GPUs.

Bien cabe destacar que Ethereum no es la única criptomoneda de la red que lucha por vencer la escalabilidad, todas lo hacen aplicando cada cual sus propias estrategias. Ethereum ha preparado un terreno de impacto con su versión 2.0, lo cual hace lucir un futuro incierto para la plataforma, sus componentes y en especial para la comunidad. Muchos inclusive se preguntan si existirán dos Ether con valores distintos. Así, cualquier cantidad de inquietudes.

La versión Ethereum 2.0 Serenity se encuentra todavía en plena fase de desarrollo y por ende no se nos ha anunciado aún una fecha precisa ni aproximada de lanzamiento, sin embargo, fluye suficiente información sobre esta nueva versión, como para transmitirla desde ya e ir conociendo poco a poco sobre el tema.

Digamos que la diferencia principal entre Ethereum 1.0 y Ethereum 2.0 se encuentra o radica en su mecanismo de consenso, el cual le permite añadir o incorporar nuevos bloques a la cadena de bloques o Blockchain. Mientras que en la versión 1.0 se utiliza una prueba de trabajo (Proof of Work, PoW), en la futura versión se usará una Prueba de Participación (Proof of Stake, PoS).

Los programadores responsables de esta modificación y de la renovada cadena de bloques también destacan y resaltan que el tema de la seguridad también será avizora como punto vital y será mucho mayor. Ethereum 2.0 exige que exista un mínimo de 16.384 validadores de cada operación o transacción, un número más elevado que muchas otras redes PoS. La descentralización es también mucho mayor, y apariencia también lo es la seguridad lograda con esta nueva propuesta, aunque también tiene sus dudas sobre potenciales problemas y conflictos de interés por resolver.

Por los momentos el clima que gira en torno a la versión Ethereum 2.0 se presenta optimista y prometedor para sus desarrolladores, lleno de expectativas efectivas y muy positivas, pero que aún está en pleno desarrollo. De hecho, se han planteado distintas fases para llegar a un Ethereum 2.0 totalmente firme y garantizado:

Fase 0:

Se implementa el nuevo BeaconChain para almacenar y gestionar el registro de validadores y el mecanismo de consenso PoS. Por el momento la cadena de bloques original PoW de Ethereum 1.0 se mantendrá activa para que exista la continuidad de datos.

Fase 1:

Para el año 2021 se estima que se llegue a una etapa nueva en la red y comience a desplegarse, inicialmente con 64 veces la capacidad y transacciones por segundo de la red actual. Posteriormente y se espera que también sea para el año 2021, la red se haga completamente efectiva y se realice la transición definitiva del consenso PoS.

Fase 1.5:

Una actualización provisional prevista para el año 2021 como su fecha probable, la MainNet de Ethereum se convertirá oficialmente en un fragmento de la Blockchain y pasará a Prueba de Participación (PoS).

Fase 2:

Para finales del año 2021 o tal vez ya en el año 2022 se estima que la nueva cadena de bloques sea totalmente funcional y compatible con los Smart Contracts. Eso hará posible incluir cuentas Ether y facultar tanto transferencias como retiros de criptodivisas.

El futuro para Ethereum 2.0 es por lo tanto bastante prometedor para una cadena de bloques que como se ha dicho recién acaba de nacer y aún necesita completar un periodo de transición que tendrá una duración estimada de más de un año. Los expertos consideran que estos cambios harán que el valor de Ether y Ethereum se vea indiscutiblemente impulsado.

Ya veremos si en efecto lo hace y si esta plataforma se logra convertir en un referente mucho más palpable, en un segmento que últimamente vuelva a generar muchas nuevas noticias.

Con lo que vamos viendo, este ha sido un camino bastante largo, pero finalmente Ethereum 2.0 está en estos momentos muy cerca de ser una realidad como tal. La actualización principal tiene como objetivo básico, abordar la escalabilidad y la seguridad de la red mediante una serie de cambios en su infraestructura, particularmente; el paso de un mecanismo de consenso de prueba de trabajo a un modelo de prueba de participación.

En este aspecto debemos saber qué diferencias hay o existen entre la PoW (Proof-Of-Work) y PoS (Proof-Of-Stake).

En la actualidad y como ya se dijo antes, nos encontramos en la versión Ethereum 1.0 la cual utiliza un mecanismo de consenso conocido como Prueba de Trabajo (PoW), mientras Ethereum 2.0 utilizará un mecanismo de consenso conocido como Prueba de Participación (PoS).

Con Blockchains como Ethereum, es imprescindible validar las transacciones de manera descentralizada. Para ello Ethereum, al igual que otras criptomonedas de las miles que existen, utiliza actualmente el mecanismo de consenso ya mencionado y conocido como Prueba de Trabajo (PoW).

En este mismo sistema operativo, con el propósito de dar solución y resolver complejos rompecabezas matemáticos, los mineros se apoyan en la potencia generada por el procesamiento del hardware informático y así verificar nuevas operaciones y transacciones. El primer minero en resolver un rompecabezas agrega una nueva transacción al registro del total de todas las transacciones que componen la Blockchain. Luego los mineros son incentivados con tokens. Todo un proceso que, sin lugar a ninguna, consume muchísima energía.

La Prueba de Participación (PoS) ofrece una gran diferencia basada en que, en lugar de los mineros, los validadores de las operaciones o transacciones depositan criptomonedas a cambio de recibir el derecho a verificar una transacción. Este grupo de validadores es seleccionado para proponer un bloque basado en el número de criptomonedas que poseen, y en el tiempo que las ha mantenido encerradas.

Otro grupo de validadores puede entonces certificar que han visto un bloque. Habiendo entonces suficientes testimoniales, se podrá añadir un nuevo bloque a la cadena de bloques. Los validadores entonces serán recompensados por la proposición de bloque exitosa. Este proceso se conoce con el nombre de "forjar" o "acuñar".

La principal y más relevante ventaja de la PoS es que resulta mucho más eficiente en términos de energía que la PoW, ya que descompone el proceso informático de alta energía del algoritmo de consenso. También significa que no se necesita alta potencia de cálculo para asegurar la Blockchain.

Todo ello apunta a que Ethereum 2.0 podría escalar mucho mejor que la actual Ethereum 1.0, siendo la escalabilidad una de las principales razones impulsadoras para tal actualización. Con Ethereum 1.0 la red puede soportar efectivamente un total de 30 transacciones por segundo, pero ocasiona fuertes congestiones y grandes inconvenientes. Por su parte Ethereum 2.0 ofrece la posibilidad de 100.000 transacciones por segundo, aumento considerable que se logrará mediante la fragmentación o "sharing" de la cadena.

La configuración actual de Ethereum 1.0 tiene una cadena de bloques que consiste en una sola cadena con bloques consecutivos. Una estructura segura, pero muy lenta y no del todo eficiente. Con la introducción de la fragmentación de cadena "sharing", esta Blockchain se divide, permitiendo que las transacciones se manejen en cadenas paralelas en lugar de consecutivas. Esto acelerará la red, y se podrá escalar más fácilmente.

Ethereum 2.0 ha sido diseñado con la seguridad en mente como elemento clave. La mayoría de las redes de PoS, tienen un conjunto muy pequeño de validadores, lo que hace que el sistema sea más centralizado y que a su vez la seguridad de la red disminuya. Por su parte Ethereum 2.0 requiere un mínimo de 16.384 validadores, lo que lo hace mucho más descentralizado y por lo tanto con mayor respaldo en lo que a seguridad se refiere.

Las auditorías de la seguridad del código Ethereum 2.0 están siendo llevadas a cabo por un grupo de organizaciones como la empresa de seguridad de cadenas de bloques Least Authority.

Por su parte, la Fundación Ethereum está creando un equipo multi-disciplinario de seguridad dedicado a Ethereum 2.0 para investigar lo que serían posibles problemas de seguridad cibernética en la criptomoneda. En un tweet, el investigador de Ethereum 2.0, Justin Drake, declaró que la investigación incluye "fuzzing, caza de recompensas, servicio de buscapersonas, modelado criptoeconómico, criptoanálisis aplicado, verificación formal".

La actualización a Ethereum 2.0

Ethereum 2.0 está transitando el camino para su lanzamiento, según un desarrollador del proyecto, pero ¿qué le deparará el futuro a tan ambicioso proyecto?

A través de una publicación en su red social de Twitter, @Vitalik.ETH El cofundador del Ethereum, Vitálik Buterin, trazó el routing que detalla cómo los próximos cinco a diez años podrían resultar para el Ethereum 2.0. Expresa que en los últimos dos años ha registrado un "sólido cambio desde la investigación del blue sky", tratando de comprender lo que es posible, a la investigación y desarrollo concretos, buscando así de optimizar primitivos específicos que sabemos que son implementables y ponerlos en práctica".

También que la parte más exigente de los desafíos ahora "se centra cada vez más en el desarrollo, y la parte del desarrollo solo seguirá creciendo con el tiempo".

El pasado mes de junio del año 2020, Buterin señaló que Ethereum 2.0 tendrá que depender de los métodos de escalado actuales, como los ZK Rollups, durante al menos dos años antes de efectuar la segmentación de cadenas.

Impacto en el mercado tras el lanzamiento de Ethereum 2.0

Lo primero y principal es que los tokens ETH y ERC-20 de Ethereum están seguros y garantizados. La nueva actualización solo realizará una revisión a la red Blockchain de Ethereum, dejando intactos sus componentes criptográficos. Desde luego, los usuarios esperar con plena seguridad un impacto en los precios del mercado.

En la justa medida que la red vaya mejorando, la demanda de ETH podrá experimentar un aumento garantizado, situación que lo lleva a un crecimiento de su valor. Obviamente, que esto dependerá de si la transición se desarrolla sin mayores inconvenientes y contratiempos. Si bien es y está estadísticamente improbable que ocurra, una falla de proporciones épicas puede considerar a Ethereum inviable.

También se cree que Ethereum 2.0 dará un impulso sustancial al mercado DeFi a nuevas alturas. Dichos proyectos requieren de una infraestructura de cadena de bloques confiable, escalable, descentralizada y 100% segura. Con la actualización, la Blockchain Ethereum quizás se considerará una opción ideal.

Las aplicaciones descentralizadas DApps, también obtendrán acceso a puntos de referencia de rendimiento con relevantes mejoras. Aunque se pueden producir ligeras interrupciones, la compatibilidad con Ethereum 2.0 ya es un hecho y está garantizada.

Etapa "SERENITY", la versión 2.0 de Ethereum

Ethereum 2.0, también conocido como Serenity, se promociona como una versión mejorada de Ethereum. Gracias al algoritmo PoS (Proof-Of-Stake), será más escalable y flexible. Aun así, la Fundación Ethereum no quiere comprometer la descentralización para lograr un mayor potencial de escalabilidad. Así, la nueva plataforma tiene como objetivo encontrar el equilibrio ideal entre los dos.

Para lograr esto, Ethereum 2.0 implementará una arquitectura única llamada fragmentación, que se refiere a una red de canales paralelos que trabajan juntos. Cada fragmento tendrá su propio conjunto de saldos de cuenta y contratos inteligentes. El método para lograr la máxima descentralización se implementará en la fase final de la actualización.

En los primeros años, Ethereum hizo un gran trabajo al manejar las transacciones de millones de usuarios y la liquidación inteligente de contratos. Sin embargo, la demanda de servicios Ethereum se ha expandido significativamente en la red, lo que resulta en una congestión inevitable.

Para comprender cuán vital es Ethereum, intente pensar en el hecho de que el 96% de todos los proyectos DeFi se ejecutan específicamente en su plataforma. Y con más de 850,000 usuarios únicos de DeFi en la plataforma y más de un millón de usuarios de billetera Ethereum, está claro que la red Ethereum está en una situación desesperada de actualización.

La alta demanda también resultó en un aumento de las tarifas en Ethereum, que aumentaron aproximadamente un 600% de agosto a septiembre de 2020. Al final, la necesidad de escalabilidad obligó a Ethereum a adoptar PoS (Proof-Of-Stake) en lugar del PoW (Proof-Of-Work) actual. Por lo tanto, aquí está el Ethereum 2.0.

Esta es la revisión más ambiciosa que hasta la fecha se haya hecho de la red y supone las más grandes mejoras en casi todos sus aspectos. Los principales puntos débiles que atacaría esta revisión serían:

Escalabilidad

Con plena seguridad y muy posiblemente el mayor reto que afronta Ethereum al día de hoy. Incorporar nuevos nodos a la red, no aumenta la capacidad de procesamiento de transacciones, puesto que cada nodo va a verificar cada transacción. El incremento del uso de la red Ethereum ha llevado a ritmo acompasado un crecimiento continuo en el tiempo y en el coste de ejecución de operaciones y demás transacciones.

La aproximación a la solución de estos problemas y resolución de conflictos se llevaría a cabo desde dos frentes: la fragmentación, en la cual la cadena sería divida en fragmentos más manejables y las soluciones Off-Chain (Cadenas Laterales), muy similares a lo que puede ser la Lightning Network de Bitcoin.

Velocidad y usabilidad

Aspecto estrechamente relacionado con el anterior, aunque no son para nada lo mismo. Se refiere al cuello de botella que introduce la propia Ethereum Virtual Machine EVM (Máquina Virtual de Ethereum), que es la encargada de ejecutar y procesar el código desplegado sobre la red y mantener el estado de la misma. También es la responsable de mantener todos los metadatos de la red (número de bloque y almacenamiento entre otros), información de las cuentas y de la ejecución de los Smart Contracts desplegados en la red.

Estar inmerso en todos estos aspectos fundamentales de la red, convierte a la Ethereum Virtual Machine EVM (Máquina Virtual de Ethereum) en un cuello de botella fundamental en el funcionamiento general de la red. En miras a mejorar esta respuesta, se está trabajando en una solución llamada Ethereum-WASM, en la cual se definirá un conjunto nuevo de instrucciones, buscando de esta forma una mejora en la velocidad, seguridad y rendimiento global de la red.

Problemas que soluciona Ethereum 2.0 y por qué es tan importante
Soluciones de Ethereum 2.0

Todo cambio consciente es producto de una idea que busca innovaciones y mejoras en todos los aspectos, producto siempre de una necesidad bien sea por alguna debilidad, fortaleza u oportunidad.

Al caso de Ethereum le podríamos asignar estos tres aspectos sin necesidad de ser obligatoriamente programadores, desarrolladores o validadores, incluso; mineros. Y esto por el hecho de estar de cerca frente a estas redes que, de manera autodidacta o profesional, buscamos conocer. Veamos solo un ejemplo por característica, te invitamos a compartir los que consideres de tu parte.

Cambio por debilidad: Escalabilidad.

• La versión de Ethereum 1.0 tiene la capacidad de soportar 30 transacciones por segundo.

• La versión Ethereum 2.0 ofrece la posibilidad de soportar 100.000 transacciones por segundo.

Cambio por Fortaleza: Conocimiento.

La plataforma Ethereum cuenta con un equipo multidisciplinario de expertos, profesionales, programadores y desarrolladores entre muchos otros talentos con sólidos conocimientos computacionales; que dedican tiempo y esfuerzo para brindar sus mejores aportes a hacer de Ethereum una red que permita satisfacer las necesidades de sus usuarios y comunidad a nivel global en general.

Cambio por Oportunidad: Seguridad.

Ethereum 2.0 busca transformarse en la medida de lo posible, como la plataforma más segura de la red; por lo cual han dejado esta gran responsabilidad en manos de Least Authority, empresa auditora, especialista en el área de seguridad en cadenas de bloques.

Algunas de las principales soluciones que Ethereum 2.0 traerá consigo:

El Proof-of-Work (PoW), como Beacon y Casper; cambiar la manera de cómo crear ETH y de asegurar el sistema.

El Sharding por lo general suele dividir una gran cantidad de base de datos en partes menores y manejables. Esto será aplicado a Ethereum y abordará problemas actuales como la escalabilidad y la velocidad de transacciones, impidiendo así que una DApp pueda desacelerar la red.

eWASM hará que el código se ejecute con más rapidez, de esta forma, las opciones y capacidades de codificación de la Máquina Virtual de Ethereum Virtual Machine (EVM) aumentan.

El plasma es una capa más que se encuentra ubicada en la parte superior de la red y está en capacidad plena de manejar grandes cantidades de transacciones. Se podría comparar incluso, con la Lightening Network de Bitcoin para Ethereum.

Raiden, similar a plasma, es una oportuna solución más de escalado fuera de la cadena. Por lo que podría apreciarse como una imitación de Lightning Network de Bitcoin.

Algunas diferencias entre PoS (Proff-Of-Stake) y PoW (Proof-Of-Work)

El concepto detrás de los mecanismos de consenso de Prueba de participación y Prueba de trabajo se reduce a cómo los participantes de la red, llamados nodos, están validando transacciones en sus respectivas cadenas de bloques y manteniendo el estado normal de la plataforma.

PoW (Proof-Of-Work), que fue introducido por primera vez por Bitcoin en 2008 (de hecho, el concepto de PoW se desarrolló mucho antes que Bitcoin), los nodos pueden convertirse en los llamados mineros para validar nuevas transacciones del Mempool resolviendo complejos acertijos matemáticos. Los participantes deben dedicar poder de cómputo para ganar la competencia y obtener el derecho a validar el siguiente bloque. A cambio de su esfuerzo, los mineros reciben una recompensa en forma de Bitcoin o criptomonedas recién generadas que utilizan el consenso de PoW (Proof-Of-Work).

PoS (Proof-Of-Stake) llegó más tarde como una alternativa a PoW (Proof-Of-Work), ya que intentaba resolver los principales problemas de Bitcoin relacionados con la escalabilidad y el consumo de energía, entre otros.

A diferencia de la cadena de bloques de PoW (Proof-Of-Work), las redes de PoS (Proof-Of-Stake) no involucran mineros, ya que la mayoría de estos proyectos se lanzan con tokens previamente extraídos. La validación de nuevos bloques en sistemas PoS se conoce como se "forja". Mientras que los validadores son los nodos que participan en la creación del bloque.

Entonces, para convertirse en un validador, los nodos deben bloquear una parte del token nativo. Por lo general, cuantas más fichas apuesten, mayor será la posibilidad de convertirse en el próximo validador. El mismo enfoque se aplicará en la próxima actualización de Ethereum 2.0.

No olvidemos que Ethereum 2.0 es una actualización de la red Ethereum esperada desde hace ya un tiempo, una versión que promete significativas mejoras en la funcionalidad y experiencia de red en su conjunto, y que entre sus mejoras más notables destacan la transición a Proof-Of-Stake (PoS), "shard chains" y una nueva Blockchain en la base que será o es denominada como "Beacon Chain".

Está previsto que todo este acontecimiento y mucho más se despliegue de manera gradual mediante una hoja de ruta cuidadosamente planificada, de hecho; publicada por el mismo Vitálik Buterin en su cuenta oficial de Twitter, @Vitalik.ETH, utilizando la etiqueta #ETH2

Se están construyendo nuevos proyectos fascinantes en Ethereum: micro redes, estaciones de carga para vehículos eléctricos, criptocoleccionables, hipotecas de viviendas, registros de atención médica, redes de votación y mucho más.

Todas estas alternativas son posibles gracias a la Ethereum Virtual Machine Máquina Virtual Ethereum (EVM). Una supercomputadora inteligente desarrollado con total dedicación, tras un proceso de programación de alto nivel. La computadora no es física, como su nombre lo indica. Se distribuye como software en la cadena de bloques Ethereum y los desarrolladores pueden acceder a él (software) libremente.

La Ethereum Virtual Machine Máquina Virtual Ethereum (EVM) es más inteligente que cualquier computadora promedio porque desarrolla lo que también conocemos "Turing completo". El reconocido lenguaje de programación de Turing completo es teóricamente capaz de expresar todas y cada una de las tareas que pueden realizar las computadoras como las conocemos.

Las implicaciones de esto son asombrosas. Ethereum Virtual Machine Máquina Virtual Ethereum (EVM) utiliza su lenguaje de programación nativo llamado Solidity, que es capaz de ejecutar cualquier tipo de script. Las computadoras "normales" solo son capaces de ejecutar los scripts codificados por los fabricantes de las mismas.

La importancia de Ethereum se ve ensombrecida por sus acciones de precios, y es probable que en el futuro nos sorprendamos de cuánto se puede hacer con él. Es como el comienzo de Internet, donde la gente realmente no sabía en qué se convertiría.

De la misma manera, Ethereum es la Internet del dinero, donde todo es transparente y está abierto para todos, una oportunidad de "ser y hacer más de lo que se es", Louis Walls.

Ethereum llegó para quedarse, y se espera que la tan esperada actualización a Ethereum 2.0 mitigue aún más los desafíos de escalabilidad y oriente la plataforma hacia la adopción masiva, impulsando las finanzas descentralizadas y su potencial para la inclusión financiera.

La BeaconChain

Con las cadenas de fragmentos trabajando en forma paralela, algo debe asegurarse; y es que todos permanezcan sincronizados entre sí. La BeaconChain se encarga de dicha sincronización y proporcionar consenso a todas las cadenas de fragmentos que se ejecutan en paralelo.

La BeaconChain es una nueva Blockchain que desempeña un papel central en Ethereum 2.0. Sin ella, el intercambio de información entre fragmentos no podría ser posible y la escalabilidad sería inexistente. Por esta razón, se ha dicho que será la primera característica enviada en el camino hacia Ethereum 2.0. Pero esto es sólo la punta del iceberg, como se dice.

Dado que Ethereum es una de las criptomonedas más populares del mundo, existe una serie de detalles muy importantes respecto a lo que Ethereum 2.0 verdaderamente representa y el impacto que tendrá en el "cripto-verso" y todo su conjunto.

Como ya sabemos Ethereum 2.0 es una actualización importante de la red Ethereum por varias razones, principal y especialmente cuando se trata de escalabilidad. Sin las nuevas características de Proof-Of-Work (PoS), cadenas de fragmentos y la BeaconChain, Ethereum podría eventualmente volverse insostenible y dejaría de ser la plataforma líder en Smart Contracts contratos inteligentes en el ecosistema criptográfico global.

La implementación y ejecución de Eth2 llevará algún tiempo, el que sea necesario e incluso pudiese tardar más de lo esperado. La buena noticia es que ya está en marcha y sus propios desarrolladores de Ethereum están dedicados a llevarlo a cabo con todo empeño.

¿Qué hará la BeaconChain?

Piense en BeaconChain como un gran faro que se eleva sobre un mar azul de datos de transacciones. Está constantemente escaneando, validando, recolectando votos y repartiendo recompensas a los validadores que certifican correctamente los bloqueos, deduciendo recompensas para aquellos que no están en línea y recortando el ETH de los actores maliciosos.

Aún puede enviar ETH a un amigo, intercambiar tokens en Meta-Mask o Uniswap, jugar con sus Axies, crear NFT en Mintbase y producir una granja en su protocolo DeFi favorito. Ethereum, tal como lo conoce, todavía está activo y es completamente funcional, y seguirá siéndolo hasta que se fusione con la nueva cadena de bloques Eth2 y se convierta en un fragmento separado. Mientras tanto, se está construyendo una nueva estructura masiva junto con Ethereum.

El núcleo de esta estructura es la BeaconChain, que reforma el modelo de consenso de Prueba de trabajo a Prueba de participación. La Cadena de Balizas ahora está viva, y en el momento de escribir este artículo, 20 épocas (una época tiene 6,4 minutos de duración, y cada época contiene 32 validadores asignados al azar para proponer un bloque en cada espacio)

La BeaconChain es el mecanismo de coordinación de la nueva red, responsable de crear nuevos bloques, asegurarse de que esos nuevos bloques sean válidos y recompensar a los validadores con ETH por mantener la red segura. Proof of Stake ha sido durante mucho tiempo

parte de la hoja de ruta de Ethereum y aborda algunas de las debilidades de las cadenas de bloques de Prueba de trabajo, como la accesi-
bilidad, la centralización y la escalabilidad.

En lugar de que los mineros gasten energía para validar bloques,
los validadores seleccionados al azar (cada uno con su participación de
32 ETH) proponen nuevos bloques, que son votados por otros validadores. Cada bloque incluye una fuente de aleatoriedad, que se mezcla
con los demás datos aleatorios de la época.

La BeaconChain es la base del futuro de Ethereum. Implementa la
Prueba de participación en lugar de la Prueba de trabajo como su
mecanismo de gobierno, y respalda la escalabilidad y la seguridad
para mantener Ethereum en los próximos años.

Esto es lo que se puso en marcha el 1 de diciembre. Fue llamado
"prueba de participación". Es nuestra demostración de gran valor que
asegurar una red global, distribuida masivamente y sin permisos de
esta manera es práctico y efectivo. BeaconChain todavía no hace
mucho más que ejecutarse por sí misma, y llegaremos a eso, pero, no
obstante, es el producto más desafiante del proyecto Ethereum 2.0.

La BeaconChain ya empequeñece cualquier otro sistema de Prueba
de Estaca. Más de dos millones de ETH, por un valor de $ 1.5 mil
millones, se han comprometido con el contrato de depósito. Esto representa más de cuarenta y seis mil validadores activos actualmente, con
otros veinte mil en una cola de tres semanas para ingresar. Y las tasas
de depósito no muestran signos de desaceleración. No pasarán muchos
días hasta que el 2% del suministro total de ETH esté bloqueado en el
contrato de depósito. Este es un inmenso voto de confianza de 4.000
depositantes únicos y miles más que realizaron depósitos a través de
servicios de participación.

Hasta ahora, la confianza de los apostadores ha estado bien puesta.
Todavía es temprano, pero BeaconChain ha funcionado sin problemas
hasta la fecha, con alrededor del 99% de participación (una métrica
clave del estado de la red) y ni un solo problema o incidente.

Cientos de personas participaron en el diseño y la construcción de
BeaconChain durante los últimos dos años y medio. Ha sido un
proyecto comunitario masivamente abierto, liderado por la Fundación

Ethereum, implementado por equipos de desarrollo de clientes y apoyado por un enorme y variado grupo de colaboradores.

Ethereum 2.0 ¿Fin de la minería?

Es la pregunta que muchos se formulan y se continúan haciendo. Hace ya tiempo que se viene proyectando que las criptodivisas, en el modelo actual, son insostenibles, y Ethereum 2.0 es una confirmación más de ello, y que es necesario, además de inminente un cambio en el modelo utilizado para la gestión de las cadenas de bloques Blockchains, un elemento clave y principal de las mismas y del nuevo patrón económico que ha surgido de la mano de las finchech, pero que también está siendo asociado a los procesos de las entidades financieras y mercantiles tradicionales.

La dificultad que muchos estamos considerando, y sobre la cual llevamos mucho tiempo escuchando y hablando, es de la capacidad de proceso, y el consecuente consumo de energía, que ya es necesario para minar monedas virtuales.

Y es que si hace diez años el minado de divisa estaba al alcance de la inmensa mayoría, la creciente complejidad de los bloques a minar se ha venido incrementando sustancialmente, y con él la capacidad de proceso necesaria para tal fin. Y, adicionalmente, disparando el precio del hardware que, como las tarjetas gráficas, son especialmente útiles para este fin. Ethereum 2.0 va a suponer un gran cambio a este respecto.

La clave de Ethereum 2.0 es que a diferencia de su versión 1.0, y del mismo modo que lo hacen otras muchas criptomonedas, cambia el sistema de consensos ya mencionados. Un cambio con el que se producirán varias mejoras en el funcionamiento de esta moneda, mejorando el volumen de transacciones que podrá soportar la red de manera simultánea, además de mejorar la seguridad de las transacciones gracias a la auditoría de seguridad y el incremento de validadores y, según sus creadores, un importante crecimiento en su valor.

Uno de los aspectos mencionados por sus creadores, es la eficiencia que traerá Ethereum 2.0, una eficiencia de cara a las operaciones, claro, pero que también tiene que ver con el modo en el que se obtienen nuevas monedas. Y es que el modelo de prueba de trabajo no requiere que los usuarios realicen, con su hardware, las complejas operaciones necesarias para validar operaciones, proceso en el que obtienen las criptomonedas.

En su lugar, y con este nuevo modelo, son los validadores de transacciones los responsables de concluir si un bloque es válido o no, proceso para el cual se empleará una red descentralizada de no menos de 16,384 validadores.

La criptomoneda que obtiene el usuario como recompensa por ser el primero en validar un bloque desaparece con este modelo, y la ventaja adicional es que el funcionamiento del modelo de prueba de participación no solo es distribuido, sino que es mucho más eficiente en lo referido a consumo de recursos y, por lo tanto, de energía, por lo que extiende su sostenibilidad a medio y largo plazo.

Ethereum 2.0, con este cambio de modelo, da un paso que, tarde o temprano, seguramente veremos también en otras criptomonedas como Bitcoin. Y, relacionado con lo anterior, esto también puede acabar con el negocio especulativo que se ha generado alrededor de las tarjetas gráficas, muy codiciadas por los mineros de criptomonedas por su capacidad en lo referido a cálculo de coma flotante, algo muy valioso en los procesos de prueba de trabajo.

Cuando finalice la migración a Ethereum 2.0, y más aún cuando otras cibermonedas den este salto, probablemente veremos un incremento notable en la disponibilidad de las tarjetas gráficas de última generación en el mercado.

La transición al algoritmo Prueba de Participación PoS (Proof-Of-Stake), cambiará los enfoques de la minería, por lo que es probable que la mayoría de los mineros abandonen el mercado. Dado que ETH es la moneda más popular para la minería doméstica, el impacto será palpable.

Como resultado, los mineros de ETH tendrán la opción de vender su equipo para comenzar a apostar o cambiar a otras redes y extraer monedas que no planean cambios importantes en sus protocolos. Pero la realidad es que la mayoría de los mineros probablemente se desconectarán y los participantes del mercado restantes comenzarán a apostar sus activos.

En consecuencia, la red abandonará el algoritmo de consenso de prueba de trabajo PoS (Proof-Of-Work), dejando a los mineros de Ether con muy pocas opciones. Dado que su equipo se volverá obsoleto, se verán obligados a comenzar a extraer monedas alternativas o recertificarse como apostadores de ETH

De lo anterior, la relevancia de los mineros para la nueva versión cuando se lance será muy baja. Una pregunta más vital es cuál será la relevancia general de los mineros después.

La aparición de Ethereum 2.0 no inutilizará completamente la versión anterior desde el principio. Ethereum 1.0 seguirá funcionando normalmente, pero esto no socavaría los planes establecidos. La intención de Ethereum 1.0 es convertirse efectivamente en el primer fragmento de Ethereum 2.0 cuando se lance la Fase 1. Hasta entonces, la cadena Ethereum 1.0 continuará como está ahora y se someterá a mejoras para que eventualmente se convierta en un fragmento de Ethereum 2.0.

Estimado lector, las monedas digitales han creado un gran revuelo desde que los precios de ciertos tipos de criptomonedas subieron repentinamente. Como vemos, esto se ha convertido en una nueva tendencia en el mundo de la inversión por razones reales y justas. Las personas que invirtieron en ellos se han beneficiado de formas inimaginables.

Entendiendo la importancia de las criptomonedas y el manejo seguro del dinero

¿Por qué las criptomonedas han alcanzado tanta popularidad y se encuentran en tendencia dentro de la esfera del mundo criptoactivo?

Es otra pregunta que también muchos nos hacemos, y siempre nos queda la inquietud y ganas de saber un poco más. Compartamos algunos aspectos que basados en la importancia que representan las criptomonedas hoy día, nos aportarán una respuesta de interés.

Una criptomoneda es una moneda digital que utiliza cifrado criptográfico para generar dinero y verificar transacciones. En un término más técnico, es una moneda virtual encriptada de igual a igual formada por códigos y es como cualquier otro medio de cambio como dólares, libras y euros, pero en este aspecto, los intercambios hacen uso de detalles encriptados e intercambio de tokens digitales de manera distribuida y descentralizada, cualidad de gran valor; y estos tokens se pueden negociar a tasas de mercado.

Hasta la invención de la criptomoneda, era imposible que dos partes realizaran transacciones electrónicas sin emplear el servicio de un tercero o un intermediario de confianza. La razón fue el problema del "doble gasto", que afectó a todos los intentos de crear efectivo electrónico desde los albores de Internet.

Estas son las razones por las que las criptomonedas son realmente importantes

• Las criptomonedas son uno de los tipos de moneda digital más seguros y confiables que las personas prefieren hoy en día. En un mundo donde abunda la inseguridad, todos necesitamos comerciar de la manera más confiable posible. Las criptomonedas nos brindan esa seguridad que las convierte en una importante fuente de inversión ahora y también en el futuro.

• Otra razón por la que las criptomonedas se han vuelto extremadamente demandadas es por sus políticas. Realmente no se necesita tratar con un tercero cuando se trata de criptomonedas. Esto le da a la gente una sensación de tranquilidad y seguridad. El hecho de que las criptomonedas sean monedas digitales alivia la necesidad de un tercero. Puede realizar transacciones sin importar dónde se encuentre.

• Las criptomonedas son un medio de transacción de bajo costo. No necesita desembolsar dinero para intercambiar monedas digitales. Todo lo que necesita para poder realizar transacciones es su móvil celular u ordenador y un conocimiento básico de las criptomonedas.

• La mayoría de las monedas digitales tienen que pagar transacciones. En el caso de las criptomonedas, realmente no necesita pagar las transacciones. La razón es que las personas que extraen las criptomonedas, llamados mineros; obtienen su compensación de la propia red.

• Puede almacenar sus criptomonedas en una billetera segura. Las criptomonedas le brindan la opción de almacenar su dinero en dos tipos de billeteras que pueden transferirse fácilmente a su cuenta. Y las billeteras no tienen ningún cargo para poder almacenar sus monedas digitales.

• Para la mayoría de las personas, la privacidad es la máxima prioridad. Al operar con criptomonedas, puede esperar que sus transacciones sean altamente confidenciales. Puede realizar sus transacciones y ser anónimo.

● La cantidad de dinero que desea invertir depende totalmente de que las criptomonedas le den la libertad de comprarlas también en fracciones. Si cree que un Bitcoin o un Ether son demasiado costosos, puede dividirlo y comprar la mitad o un tercio. Esto reduce el costo para usted y no requiere que gaste fuera de los límites. Con un conversor de criptomonedas, puede averiguar el precio de cualquier criptomoneda en la moneda de su país e invertir en consecuencia.

● Dado que los remitentes y destinatarios de las criptomonedas no transfieren dinero directamente a las tarjetas de crédito, no es necesario que comparta sus documentos con terceros. Esto le ayuda a evitar el robo de identidad. Tú decides qué información quieres compartir con el comerciante si algo te hace dudar.

● Obtener la total autonomía que buscas. Cuando se trata de cripto-monedas, no hay un tercero involucrado para exigir ninguna tarifa o dinero. Eres la única persona que administra tu cuenta.

CAPÍTULO 16

GENERANDO GANANCIAS PASIVAS CON ETHEREUM Y OTRAS CRIPTOMONEDAS

C omo te habrás dado cuenta a lo largo del desarrollo del libro, actualmente hay varias maneras de generar dinero con las criptomonedas, hay muchas oportunidades. Mientras que hay algunas que son mas riesgosas (y dependen de tu habilidad) como el trading, las plataformas DeFi, etc, hay otras que son mas recomendadas y menos riesgosas, como por ejemplo realizar Hodl de una criptomoneda y esperar que su precio suba, si bien este modelo de ganancia es absolutamente pasivo, ya que es una estrategia a largo plazo, tenemos otras estrategias que también podrán ayudarte a generar ingresos pasivos, como lo es la estrategia que te voy a presentar a continuación.

Esta estrategia existe hace muchos años, es muy utilizada por los bancos actualmente, aunque en un mayor porcentaje de ganancia, esto generar interés con tus activos.

En el mundo de las criptomonedas ya existe esta modalidad y esta liderada por una de las empresas mas confiables del ambiente: BlockFi, la cual esta amparada por el exchange Gemini y personas tan reconocidas en el ambiente como Anthony Pompliano.

Block Fi nos permite transferir nuestros fondos a la plataforma y generar un interés anual que va del 6% (para criptomonedas como

Bitcoin) o de casi el 10% con stablecoins (que son criptomonedas que están 1 a 1 con el dólar, como lo son el USDT y USDC por nombrar algunas)

Si te interesa esta modalidad, puedes abrir una cuenta de BlockFi en el siguiente enlace y ganar $250 de Bitcoin gratis:

Ingresa a BlockFi aquí

En caso de que estes leyendo este libro en la version impresa puedes escanear el siguiente código QR con tu móvil:

CAPÍTULO 17
LO MAS IMPORTANTE A TENER EN CUENTA CON BITCOIN

Para concluir con este libro, quisiera agradecerte por tomarte el tiempo de leerlo, quería aclarar algunas cosas antes de culminar. Muchas personas han probado incursionar en las Criptomonedas, algunos con éxito otros con resultados moderados, pero todos con resultados en fin, lo importante es que tengas en mente que el mercado de las Criptomonedas es un mercado muy manipulado, es por esto que te recomiendo que siempre prestes atención a los indicadores que puedas ver en TradingView, ve las señales que te envía, continua aprendiendo sobre el trading, si es que te interesa puedes dedicarte a ellos, pero si no puedes dedicarte a hacer HODL (el significado de esto dentro de las Criptomonedas está relacionado con comprar monedas cuando hay una baja importante (por ejemplo si Bitcoin está a $58000 y baja a $36500 ahí es donde compras y vas comprando a medida que baja, nunca cuando sube, a esto se le conoce como Dollar Cost Averaging es una estrategia muy usada en el ambiente del trading) y mantener esas criptomonedas por años hasta que estas dupliquen, tripliquen o cuadrupliquen su valor, no es algo poco común en el ambiente, como bien lo han hecho aquellos *early adopters* que compraron Bitcoin cuando valía $0,006 centavos de dólar, hicieron HODL por 14 años y cuando Bitcoin alcanzó su máximo histórico de $20,000 dólares en 2017 y $60,000 en 2021, vendieron todo y se hicieron millonarios. Pero como siempre, escoge el método que más te guste y síguelo bajo tu propio riesgo.

Por ultimo me gustaría saber tus comentarios para seguir nutriendo este libro y poder ayudar a muchas mas personas, para ellos nos ayudarías dejando una review de este libro, con el objetivo de continuar brindando grandes libros a ustedes, mis lectores, a los cuales aprecio mucho.

ENLACES DE INTERES

Pagina para ver los precios de todas las Criptomonedas: https://coinmarketcap.com/

Obtener Bitcoin:

Obtén Bitcoin Gratis Aquí

Generar intereses de mas del 10% en BLOCKFI con tus criptomonedas aqui:

https://blockfi.com/?ref=76971ae9

Trading en Exchanges:

Abre una cuenta de Binance Aquí

Abre una cuenta de BitMex Aquí

Donde comprar Bitcoin de manera segura:

Compra Bitcoins en Coinbase Aquí

Compra Bitcoin de manera segura en CEX.IO aquí

Compra Bitcoin de manera segura en Changelly aquí
Compra Bitcoin de manera segura en Localbitcoins
Donde guardar tus criptomonedas:
Compra la Trezor Model T Aquí
Compra la Trezor Model ONE Aquí
Compra una Ledger Nano S aquí

Graficas de trading en:
www.TradingView.com

Sin más, me despido
Sebastian Andres

www.ingramcontent.com/pod-product-compliance
Lightning Source LLC
Chambersburg PA
CBHW030503210326
41597CB00013B/776